La réflexion prothétique

Dans la même collection

Occlusodontie et posture, P.-H. Dupas, G. Dupas, 2021
Prothèse complète immédiate, C. Rignon-Bret, 2019
Les facettes en céramique 2e édition, O. Etienne, 2019
Les doléances du patient porteur de prothèses amovibles complètes, M. Pompignoli, M. Postaire, 2019
L'urgence médicale au cabinet dentaire, J. Dufrénoy, 2018
L'hypnose au cabinet dentaire, F. Machat, 2018
L'endodontie de A à Z, S. Simon, 2018
Sinus & implant, E. Gouët, G. Touré, 2017
La parodontie de A à Z, J. Charon, 2017
Conception et réalisation des châssis en prothèse amovible partielle, J. Schittly, E. Schittly, 2017
Traitement des maladies parodontales, J. Charon, 2017
Le diagnostic en parodontie, J. Charon, 2016
Les Minivis 2e édition, B. Lazaroo, F. Tilotta, J.-F. Ernoult, 2016
Grossesse et chirurgie dentaire, L. Kacet, B. Jollant, E. Dehaynin-Toulet, 2015
La carie précoce du jeune enfant, C. Delfosse, T. Trentesaux, 2015
Les implants en odontologie 2e édition, M. Davarpanah et al., 2015
Traitement de l'édentement total chez la personne dépendante, T. Delcambre, 2015
Traitement des apnées du sommeil (et des ronflements) par orthèse d'avancée mandibulaire, C. Tison, 2015
La prothèse maxillo-faciale, E. Vigarios et al., 2015
Préparations coronaires périphériques et préparations corono-radiculaires, B. Walter, P. Dartevelle, 2014
Relation humaine et communication au cabinet dentaire : aspects particuliers en parodontie, J. Charon et al., 2014
Des lésions à risque aux cancers des muqueuses orales 2e édition, D. Gauzeran, 2014
Chirurgie osseuse préimplantaire 2e édition, G. Princ et al., 2013
La prévention primaire en parodontie, J. Charon, 2013
Dentisterie fondée sur les faits en omnipratique et en orthodontie, P. Amat, 2012
L'épidémiologie clinique dans la pratique quotidienne du chirurgien-dentiste, M. Muller-Bolla et al., 2009
La radioprotection en odontologie, J.-M. Foucart, 2007
Principes et mesures de précaution en implantologie orale, E. Gouët, 2004

Collection **MÉMENTO** dirigée par Emmanuel Gouët

La réflexion prothétique

Pierre-Hubert DUPAS
Professeur des Universités
Doyen Honoraire de la Faculté de chirurgie dentaire de Lille

Editions CdP

L'auteur remercie :
Le docteur Antoine NONCLERCQ, pour le choix du patient.
Grégory DUPAS, pour ses qualités de photographe.
Maxence GABET du laboratoire de prothèses GABET et fils, pour son aide informatique.
La direction et le personnel de la Clinique dentaire des Francs de Tourcoing.

À Danièle, Grégory, Angélique et Rose

Retrouvez toutes nos publications sur :
www.editionscdp.fr

La loi du 11 mars 1957 n'autorisant, aux termes des alinéas 2 et 3 de l'article 41, d'une part, que les « copies ou reproductions strictement réservées à l'usage privé du copiste et non destinées à une utilisation collective » et, d'autre part, que les analyses et les courtes citations dans un but d'exemple et d'illustration, « toute représentation intégrale, ou partielle, faite sans le consentement de l'auteur ou de ses ayants droit ou ayants cause est illicite » (alinéa 1er de l'article 40).
Toute représentation ou reproduction, par quelque procédé que ce soit, constituerait donc une contrefaçon sanctionnée par les articles 425 et suivants du Code pénal.

Éditions CdP
© IS MEDIA, 2022

ISSN 1768-2010 « Mémento »
ISBN 978-2-84361-450-7

Sommaire

Préambule. IX
Introduction. XI

1 - Relations interdentaires. 1
   Intercuspidation maximale. 1
   Relation centrée. 1
   Position thérapeutique. 2

2 - Montage sur articulateur conventionnel. 5
   Montage des modèles maxillaire et mandibulaire
   en intercuspidation maximale. 5
      Modèle maxillaire. 5
      Modèle mandibulaire. 8
      Calcul d'erreur. 10
   Montage des modèles maxillaire et mandibulaire en relation
   centrée. 11
      Enregistrement de la relation centrée. 11
      Modèle mandibulaire en relation centrée. 13
      Calcul d'erreur. 14
   Montage du modèle mandibulaire en position thérapeutique. 16

3 - Montage sur articulateur virtuel. 17
   Montage du modèle maxillaire. 18
   Montage du modèle mandibulaire. 20
      En intercuspidation maximale. 20
      En relation centrée. 20
      En position thérapeutique. 21

4 - Excursions mandibulaires. 23
   Pente condylienne. 23
   Angle de Bennett. 24

SOMMAIRE

5 - Enregistrement de la cinématique condylienne 27
    Enregistrements intrabuccaux 27
    Pantographie 31
        Mécanique 31
        Électronique 32
    Axiographie 34
        Mécanique 34
        Électronique 38
    Enregistrements mandibulaires numériques 39
        Critères 40
        Différents appareillages 40
        Analyse des différentes techniques 44

6 - Programmation des articulateurs traditionnels et virtuels 47
    Importance du guidage antérieur 47
        Guidage incisif 47
        Absence de guidage incisif 49
        Guidage canin 50
        Absence de guidage canin 51
    Programmation arbitraire 52
    Programmation réelle 55
    Technique personnelle 58

7 - Analyse occlusale sur articulateur conventionnel 63
    Analyse de la courbe de Spee au drapeau 63
    Équilibration des modèles en plâtre et cire de diagnostic 68
    Analyse du guidage antérieur 71
        Table incisive façonnée 72
        Table incisive programmée 73

8 - Analyse occlusale sur articulateur virtuel 75
    Empreinte optique 75
    Montage des modèles virtuels sur l'articulateur virtuel 75
    Analyse du plan d'occlusion virtuel 78
    Table incisive virtuelle 79

SOMMAIRE

9 - Choix thérapeutiques... 81
   Reconstruction de dents unitaires délabrées...................... 82
      En intercuspidation maximale habituelle........................ 82
      En intercuspidation maximale en relation centrée............... 83
   Édentement partiel encastré de faible étendue.................... 84
      Dents proximales à l'édentement dépulpées...................... 84
      Dents proximales à l'édentement pulpées........................ 89
   Édentement partiel encastré de grande étendue.................... 90
      Dents proximales à l'édentement dépulpées...................... 91
      Dents proximales à l'édentement pulpées........................ 96
   Édentement partiel avec selles libres............................ 107
      Prothèse implanto-portée...................................... 107
      Prothèse amovible... 111
   Édentement total... 115

10 - Chronologie de la thérapeutique prothétique...................... 117
   Reconstruction prothétique d'une dent délabrée unitaire.......... 117
   Reconstruction prothétique de plusieurs dents délabrées.......... 118
   Édentement partiel encastré de faible étendue.................... 118
      Dents proximales dépulpées (prothèse fixée).................... 118
      Dents proximales pulpées (prothèse implanto-portée)........... 119
   Édentement partiel encastré de grande étendue.................... 119
      Dents proximales dépulpées (prothèse fixée).................... 119
      Dents proximales pulpées...................................... 120
   Édentement partiel avec selle libre.............................. 121
      Prothèse implanto-portée...................................... 121
      Prothèse amovible... 121
   Édentement total... 122

Conclusion.. 125

Bibliographie... 127

Préambule

Pourquoi écrire un nouveau livre sur la réflexion prothétique alors qu'en 2004 le Guide clinique *L'analyse occlusale. Avant, pendant, après* a eu un certain succès jusqu'à être traduit au Brésil ? Il y a plusieurs raisons à cela : les retours de nos lecteurs, tout d'abord, nous ont incités à simplifier son approche afin de rendre sa compréhension plus accessible ; par ailleurs, nous rencontrons dans notre exercice professionnel des patients porteurs de prothèses fixées implanto-portées ou non et/ou de prothèses amovibles sur lesquelles la réflexion prothétique n'a manifestement pas été effectuée. Sans compter la situation des implants posés sans logique prothétique ; et, pour finir, le développement des appareillages d'enregistrements mandibulaires numériques et l'essor de la CFAO ont considérablement modifié notre exercice professionnel en donnant l'illusion que tout était maintenant plus simple.

L'enseignement odontologique des règles de l'occlusodontie est vite oublié dans le ronronnement clinique quotidien. Pourtant, peut-on envisager qu'un musicien de renom ne connaisse pas son solfège, qu'un pilote d'avion se mette aux commandes d'un Airbus sans être passé par le simulateur de vol, qu'un architecte construise une maison sans en faire les plans ? Certains praticiens s'imaginent, par soucis de facilité, qu'il n'est pas nécessaire d'appliquer en clinique les règles enseignées en faculté, malgré un enseignement de qualité. Ils ont une excuse.

L'occlusodontie a eu et a encore la réputation d'être une spécialité, c'est ainsi devenu un sujet tabou pour un nombre conséquent de confrères. La complexité des appareillages liée à l'incompréhension de leur utilisation en est une des raisons. La connaissance des fondamentaux de l'occlusion dentaire et leurs applications cliniques permettront de comprendre, donc de simplifier l'utilisation des instruments de reproduction mécanique et/ou numérique de la cinématique mandibulaire. Tout en sachant qu'il est indispensable de maîtriser l'information délivrée et d'en connaître l'application.

PRÉAMBULE

Le GPS simplifie la conduite automobile, il suffit de suivre la voix directrice pour arriver à bon port. Mais maintenant, nous rencontrons des difficultés à lire une carte routière, alors qu'auparavant elle était d'un grand secours. La simplification facilite la vie quotidienne, elle peut être indispensable, mais elle inhibe la réflexion quand celle-ci est exigée dans certaines circonstances.

Introduction

Avant toute investigation prothétique, la bouche est mise en état. Les éventuelles dents cariées sont soignées, celles à l'état de racines extraites. L'hygiène du patient, les pathologies gingivales et/ou parodontales sont maîtrisées. Un examen plus fouillé est quelquefois nécessaire pour apprécier les restaurations iatrogènes, la profondeur du sulcus, la hauteur de gencive attachée et la mobilité de certaines dents.

En prothèse amovible, la palpation des crêtes édentées permet d'apprécier leur consistance et leur volume avant tout acte prothétique. La radiographie panoramique, faite en première intention, oriente le praticien vers une prothèse implanto-portée ou non. La situation du nerf alvéolaire et/ou du sinus maxillaire est précisée par le cone beam.

La dimension verticale d'occlusion est évaluée à travers la position de repos mandibulaire qui est de l'ordre de deux à trois millimètres. En général, un faciès à la « Popeye » – associé à la perlèche de la commissure des lèvres – dénonce un déficit de la dimension verticale d'occlusion.

Une amplitude d'ouverture buccale faible et/ou déviée est révélatrice d'un trouble algo-dysfonctionnel. Une étude plus approfondie renseigne sur la cause, soit musculaire manifestant le bruxisme, soit articulaire conséquence d'une antéposition discale réductible, si elle s'accompagne d'un bruit articulaire, ou irréductible si elle est muette. Dans ce cas, le diagnostic précis d'une éventuelle dysfonction cranio-mandibulaire s'impose avant toute décision thérapeutique prothétique.

Les édentements non compensés favorisent les égressions ou versions dentaires créant ainsi des conditions défavorables pour la future prothèse. L'étude de la courbe de Spee sur articulateur devient plus que jamais nécessaire.

L'intercuspidation maximale habituelle est examinée, les éventuels articulés croisés ou *crossbite* sont repérés. Les contacts des dents antérieures maxillaires et mandibulaires conduisant le guidage antérieur sont observés. Le trajet de propulsion ne doit pas être perturbé par des contacts dentaires postérieurs.

INTRODUCTION

Les mouvements latéraux de diduction mandibulaire guidés soit par les canines, soit par le groupe travaillant, interdisent toutes interférences dentaires postérieures travaillantes et/ou non travaillantes.

Une béance antérieure favorisant la déglutition atypique est notée. Celle-ci doit être prise en compte en cas de prothèses intéressant les incisives et canines.

Dès que tous ces paramètres sont maîtrisés, le coup d'œil clinique permet d'estimer l'importance du travail à effectuer et de prévoir la mise en œuvre d'un protocole de travail, plus ou moins complexe, définissant les grandes lignes thérapeutiques prothétiques.

Après avoir assimilé la fonction occlusale, nous nous intéresserons aux appareillages qui permettent l'enregistrement de la cinématique mandibulaire et l'analyse occlusale, que cela soit sur articulateur conventionnel ou virtuel.

L'absence, l'importance de l'édentement, la présence de dents pulpées ou non imposeront le choix et la chronologie de l'élaboration prothétique.

Relations interdentaires

Intercuspidation maximale

L'intercuspidation maximale (ICM) est le maximum de contacts dentaires cuspides/fosses entre les arcades mandibulaire et maxillaire lors de la fermeture buccale. Elle est encore dénommée occlusion fonctionnelle, occlusion de convenance, occlusion adaptative ou occlusion d'intercuspidie maximale (OIM). En absence de pathologie occlusale, elle est la référence pour les reconstitutions unitaires de dentisterie ou de prothèse, ainsi que celle des édentements de petites étendues [1] (fig. 1.1).

Relation centrée

La relation centrée (RC) est la position physiologique la plus haute et la plus antérieure de contact articulaire condylo-disco-temporal favorisant la rotation

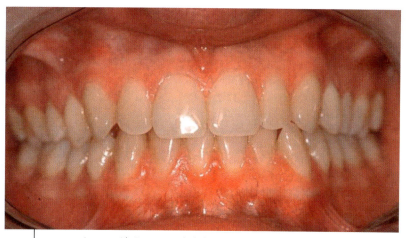

FIG. 1.1 - Intercuspidation maximale habituelle.

des condyles selon un axe charnière. Elle autorise les différentes excursions mandibulaires. Elle est référentielle. La manipulation de la mandibule est nécessaire pour situer les condyles mandibulaires en relation centrée. Celle-ci doit être non forcée. La meilleure technique est la manipulation bimanuelle de Dawson. Les pouces sont placés de part et d'autre du menton et les autres doigts sous les branches horizontales de la mandibule qui est manipulée selon de faibles mouvements de rotation. La relation centrée est la position référentielle pour les reconstitutions prothétiques fixes et/ou amovibles de grande étendue [1,2] (fig. 1.2).

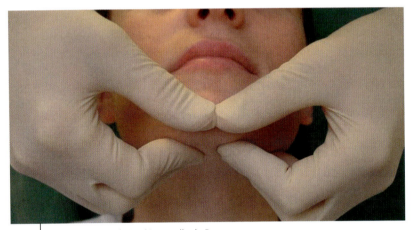

FIG. 1.2 - Manipulation bimanuelle de Dawson.

Position thérapeutique

Le traitement orthopédique d'un dysfonctionnement cranio-mandibulaire par gouttière occlusale induit une nouvelle position mandibulaire nommée « position thérapeutique ». Celle-ci permet de construire les éventuelles reconstitutions prothétiques dans une situation qui n'est plus pathologique [3] (fig. 1.3).

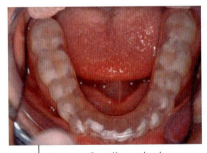

FIG. 1.3 - Gouttière occlusale.

CHAPITRE 1

> **MÉMENTO**
>
> Les relations interdentaires thérapeutiques utilisées au cabinet dentaire sont au nombre de trois : l'intercuspidation maximale, la relation centrée et la position thérapeutique. Elles ont toutes les trois leur spécificité et sont employées en clinique soit en dentisterie, soit en prothèse en fonction des circonstances thérapeutiques.

Montage sur articulateur conventionnel

En fonction de l'acquisition des connaissances, la conception des articulateurs a évolué avec le temps dans le but de simplifier leur utilisation. C'est ainsi que, dans un passé proche, les articulateurs adaptables ont laissé la place aux articulateurs semi-adaptables. Pourtant, l'emploi de ces derniers est restreint au sein des cabinets dentaires. La raison en est certainement l'incompréhension de leur utilité et surtout celle du protocole de montage qui semble complexe s'il n'est pas assimilé.

Devant ce relatif échec se développe actuellement un nombre conséquent d'articulateurs virtuels qui donnent l'illusion de faciliter la tâche du praticien. Quel que soit l'articulateur utilisé, conventionnel ou virtuel, le protocole est toujours le même. À savoir : montage du modèle de l'arcade maxillaire sur la branche supérieure de l'articulateur après le transfert de l'arc facial, suivi du montage du modèle de l'arcade mandibulaire sur la branche inférieure de l'articulateur. Le rapport entre les deux modèles est soit l'intercuspidation maximale, soit la relation centrée, soit la position thérapeutique. Pour matérialiser la technique de montage, l'articulateur utilisé est le Quick Master de la firme FAG [1] (fig. 2.1).

Montage des modèles maxillaire et mandibulaire en intercuspidation maximale

MODÈLE MAXILLAIRE

Le montage du modèle de l'arcade dentaire maxillaire sur la branche supérieure de l'articulateur nécessite l'emploi de l'arc facial qui permet de le situer par rapport au plan de référence axio-orbitaire. L'assemblage de l'arc facial sur le patient se rapporte à l'axe charnière arbitraire. En effet, les ogives auriculaires de l'arc facial le situent approximativement par rapport à l'axe charnière réel du patient. Le repère antérieur du plan axio-orbitaire est matérialisé par l'appui nasal. Pour s'approcher de l'anatomie, un petit ergot situé en arrière de l'axe charnière de l'articulateur reçoit la partie femelle incorporée dans l'embout auriculaire de l'arc facial,

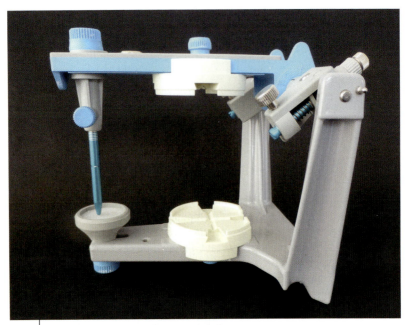

FIG. 2.1 - Articulateur Quick Master de la firme FAG.

matérialisant ainsi la situation postérieure du conduit auditif par rapport à l'axe charnière. Le modèle maxillaire est ensuite agrégé à la branche supérieure de l'articulateur avec du plâtre Snow White de la firme Kerr (fig. 2.2 à 2.4).

Pour éviter l'emploi de l'arc facial, une table de montage, inclinée d'une dizaine de degrés par rapport au plan de référence axio-orbitaire, matérialise l'angulation du plan de Camper. En général, elle est utilisée au laboratoire de prothèse quand le montage sur articulateur fait défaut au cabinet dentaire. Son quadrillage parasagittal et transversal sert de mire au positionnement du modèle maxillaire, dont la situation indépendante au plan de référence axio-orbitaire est différente de celle obtenue par l'utilisation de l'arc facial.

Une expérimentation permet de le mettre en évidence. Le modèle en plâtre de l'arcade maxillaire est monté sur la branche supérieure de l'articulateur à l'aide de l'arc facial auparavant enregistré sur un patient. La table de montage est ensuite agrégée sur la branche inférieure de l'articulateur. La situation du modèle en plâtre préalablement monté sur la branche supérieure de l'articulateur est différente. Elle met en évidence l'erreur faite par l'utilisation systématique de la table de montage. Cette erreur – qui a une incidence sur la situation spatiale du modèle maxillaire – induit une dysharmonie mécanique entre les déterminants antérieurs et postérieurs du patient [1] (fig. 2.5).

CHAPITRE 2

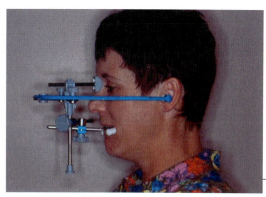

FIG. 2.2 - Arc facial sur patient.

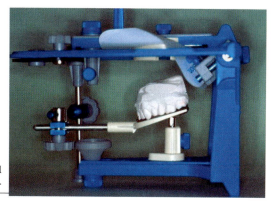

FIG. 2.3 - Transfert de l'arc facial sur l'articulateur.

FIG. 2.4 - Modèle maxillaire monté sur la branche supérieure de l'articulateur Quick Master.

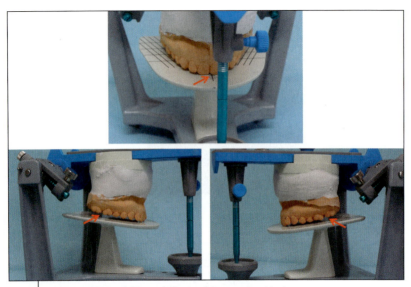

FIG. 2.5 - Mise en évidence de l'erreur faite avec la table de montage.

MODÈLE MANDIBULAIRE

L'articulateur, dont les boules condyliennes sont bloquées dans leurs fosses respectives grâce aux butées antérieures, est retourné et ouvert. Quand les arcades dentaires sont entièrement dentées – ou si la disposition de l'édentement permet la stabilité des modèles –, le modèle mandibulaire en plâtre est positionné sur le modèle maxillaire en faisant correspondre les cuspides avec leurs fosses antagonistes. Le contact cuspides/fosses doit être intime et précis sans matériau intermédiaire de liaison (fig. 2.6).

La branche inférieure de l'articulateur est rabattue jusqu'à ce que la tige incisive, mise à zéro, entre en contact avec sa table. Du plâtre Snow White de la firme Kerr permet de fixer le modèle mandibulaire à la branche inférieure de l'articulateur.

Afin de contrarier l'expansion du plâtre, une main assure la stabilité de l'intercuspidation maximale du modèle mandibulaire sur son antagoniste, tandis que l'autre main maintient la branche inférieure de l'articulateur, afin que la tige incisive reste toujours en contact avec sa table. Cette manœuvre garantit la qualité du montage sur l'articulateur. Dès que le plâtre est dur, l'articulateur est remis sur ses pieds, le montage est alors terminé (fig. 2.7).

Si les arcades dentaires n'ont pas suffisamment de dents, une base d'occlusion en cire ou en stent's est confectionnée pour combler les espaces édentés. Son seul but est de soutenir les modèles en plâtre pendant le montage sur

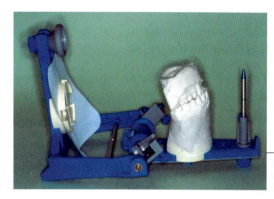

FIG. 2.6 - Modèle mandibulaire sur le modèle maxillaire en intercuspidation maximale.

FIG. 2.7 - Modèles maxillaire et mandibulaire montés en intercuspidation maximale.

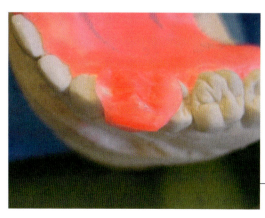

FIG. 2.8 - Interférence de cire en intercuspidation maximale.

articulateur. Lors de l'enregistrement de l'intercuspidation maximale, en clinique, le patient serre les dents en occlusion habituelle. Les dents naturelles entrent en contact et celles qui n'ont pas d'antagonistes indentent simultanément la cire ou le stent's de la base d'occlusion. Le montage sur articulateur du modèle mandibulaire est réalisé en faisant correspondre les cuspides et les fosses des dents en plâtre, conjointement à la relation des pointes cuspidiennes avec leur indentation dans la cire de la base d'occlusion. Lors de cet enregistrement, il faut prendre garde que la cire ne déborde pas et n'interfère pas sur les contacts des dents proximales. Sinon, les rapports cuspides/fosses s'en trouveront faussés [1] (fig. 2.8).

CALCUL D'ERREUR [4, 5] (FIG. 2.9)

L'approximation anatomique du montage de l'arc facial par rapport à l'axe charnière réel induit-elle une erreur sur les contacts dento-dentaires en intercuspidation maximale ? Pour faciliter la compréhension, le schéma ci-dessous représente :
- une mandibule ;
- les deuxièmes molaires en intercuspidation maximale dont « e » matérialise l'espace entre elles ;
- l'axe charnière réel et l'axe charnière arbitraire dont l'erreur de localisation est « r » ;

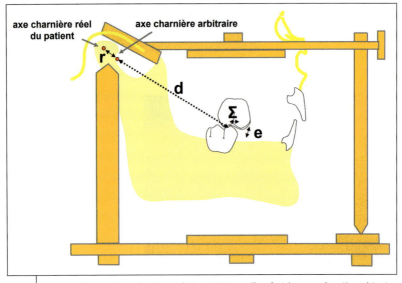

FIG. 2.9 - Erreur dento-dentaire réalisée en ICM avec l'arc facial en axe charnière arbitraire.

— la distance des deuxièmes molaires par rapport à l'axe charnière est « d ».
Afin de faciliter les calculs, les chiffres choisis sont numériquement arbitraires et arrondis, mais ont une valeur clinique réelle. Soit :
- r = 5 mm : représente la distance entre le véritable axe charnière du patient et sa situation arbitraire déterminée par les ogives auriculaires ;
- d = 80 mm : situe la deuxième molaire par rapport à l'axe charnière ;
- e = 0 mm : est l'absence d'espace entre les molaires en intercuspidation maximale ;
- $\sum$ = erreur au niveau des contacts dentaires.

Le calcul de cette erreur répond à la formule suivante :

$$\sum = \frac{r \times e}{d} = \frac{5 \times 0}{80} = \frac{0}{80} = 0 \text{ mm}$$

L'absence d'erreur permet d'utiliser l'arc facial en le situant dans les conduits auditifs, quand le montage sur l'articulateur des modèles en plâtre des arcades maxillaire et mandibulaire se fait en intercuspidation maximale habituelle.

Montage des modèles maxillaire et mandibulaire en relation centrée

ENREGISTREMENT DE LA RELATION CENTRÉE

L'utilisation de la relation centrée (RC) ne s'envisage que si aucune pathologie articulaire n'est présente, les condyles sont recouverts de leurs disques en normo-position dans leurs fosses respectives.

L'obtention de la relation centrée mandibulo-crânienne demande, de la part du praticien, une manipulation mandibulaire. En fonction de l'avancée des recherches des différents auteurs, les techniques ont évolué. Certaines répondent à la manipulation à une main (Guichet, Lauritzen, Thomas, Wirth). Ces techniques veulent que les condyles soient positionnés le plus postérieurement possible dans le fond de leurs fosses mandibulaires, s'appuyant ainsi sur l'ancienne définition de la relation centrée. Ces différentes manipulations mandibulaires sont maintenant abandonnées [6-9].

Pour répondre à la définition actuelle de la relation centrée, Dawson [2] a créé la manipulation bimanuelle qui consiste à positionner les deux pouces sur le menton pendant que les autres doigts maintiennent la branche horizontale de la mandibule. Les pouces guident la mandibule tandis que les autres doigts l'élèvent afin que les condyles se positionnent en haut et en avant (fig. 1.2).

Pour rendre la manipulation mandibulaire en relation centrée accessible à tous, nous avons simplifié la technique du jig créé par Lucia [10] en créant le jig universel [11]. Celui-ci permet l'élévation de la mandibule, positionnant ainsi les condyles en haut et en avant dans leurs fosses respectives. Il est confectionné à l'aide d'un coin d'une boîte en Altuglass garnie de pâte de Kerr ou de silicone lourd avant d'être agrégé sur les incisives centrales maxillaires. Le patient effectue des mouvements de propulsion et latéralités droite et gauche sur ce jig afin d'obtenir une certaine décontraction musculaire. Dès que celle-ci est obtenue, le praticien peut enregistrer la position de relation centrée en accompagnant la mandibule du patient jusqu'à l'indentation d'une feuille de cire Moyco. Cette technique est conseillée aux débutants en occlusodontologie qui ne possèdent pas suffisamment la gestuelle de la manipulation mandibulaire en relation centrée. En acquérant de l'expérience, ils pourront ensuite se passer du jig universel qui demande la présence des incisives mandibulaires et maxillaires (fig. 2.10).

FIG. 2.10 - Jig universel.

Quand l'expérience est acquise, nous avons mis au point une technique qui répond aux critères de la manipulation bimanuelle de Dawson [2] en libérant une main afin de pouvoir enregistrer une cire de relation centrée sans aide extérieure. Le bras du praticien est dans le plan sagittal médian du patient, le pouce est glissé entre les incisives centrales tandis que l'index et le majeur sont positionnés sous le menton.
Le pouce joue le rôle de jig pendant que l'index et le majeur élèvent la mandibule sans forcer. Lors de l'enregistrement sur la cire, le pouce est retiré progressivement [1] (fig. 2.11).
La position de relation centrée est enregistrée sur une feuille de cire Moyco ramollie à l'eau chaude (52°), pliée en deux, découpée à la dimension de l'arcade dentaire maxillaire du patient. La consistance de la cire doit être suffisamment molle, sans excès, pour permettre une indentation de qualité. Elle est appliquée sur l'arcade maxillaire en veillant à ce qu'il n'y ait pas d'interférences avec les joues. Dans le cas du jig, une découpe antérieure est nécessaire [1] (fig. 2.12).

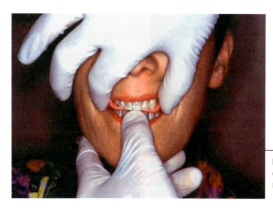

FIG. 2.11 - Technique personnelle de manipulation mandibulaire en relation centrée.

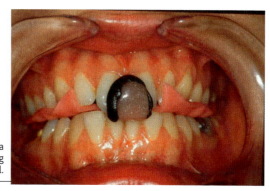

FIG. 2.12 - Enregistrement de la cire de relation centrée avec le jig universel.

MODÈLE MANDIBULAIRE EN RELATION CENTRÉE

Le montage du modèle maxillaire est réalisé également avec l'aide de l'arc facial. La cire d'enregistrement de la relation centrée se positionne sur les cuspides du modèle en plâtre de l'arcade dentaire maxillaire monté sur la branche supérieure de l'articulateur, retourné et bloqué en centrée à l'aide des butées antérieures. La tige incisive est majorée de 2 à 3 mm pour compenser l'épaisseur de la cire, puis le modèle mandibulaire en plâtre est positionné dans les indentations de la cire. Du plâtre Snow White agrège le modèle mandibulaire sur la branche inférieure de l'articulateur refermé jusqu'au contact de la tige incisive sur sa table. Comme précédemment, il est nécessaire de maintenir fermement d'une main le modèle mandibulaire sur la cire de relation centrée et la branche inférieure de l'articulateur pour éviter l'expansion du plâtre [1] (fig. 2.13 et 2.14).

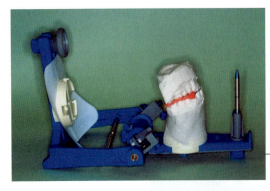

FIG. 2.13 - Modèle mandibulaire positionné sur la cire de centrée.

FIG. 2.14 - Modèles maxillaire et mandibulaire montés en relation centrée.

CALCUL D'ERREUR [4, 5] (FIG. 2.15)

Le schéma précédent est repris, mais cette fois l'épaisseur de la cire « e » conditionne l'importance de l'erreur réalisée avec le montage de l'arc facial sur l'axe charnière arbitraire. Afin d'établir une corrélation entre l'éventuelle erreur réalisée lors du montage en intercuspidation maximale habituelle et celle du montage en relation centrée, les mêmes valeurs numériques sont utilisées. Plus l'épaisseur de la cire est conséquente, plus l'erreur est grande. Avec le jig universel, il est possible de la contrôler et d'obtenir une épaisseur de cire Moyco de 1 mm. Soit :

- $r = 5$ mm : représente la distance entre le véritable axe charnière du patient et sa situation arbitraire déterminée par les ogives auriculaires ;
- $d = 80$ mm : situe la deuxième molaire par rapport à l'axe charnière ;
- $e = 1$ mm : est l'épaisseur de la feuille de cire Moyco ;
- $\sum$ = erreur au niveau des contacts dentaires.

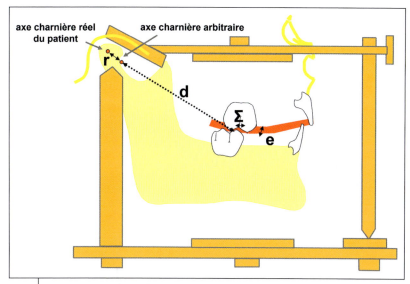

FIG. 2.15 - Erreur dento-dentaire réalisée en RC avec l'arc facial en axe charnière arbitraire.

Le calcul de cette erreur répond à la formule suivante :

$$\sum = \frac{r \times e}{d} = \frac{5 \times 1}{80} = \frac{5}{80} = 0{,}06 \text{ mm}$$

L'erreur est d'une relative conséquence d'autant que la valeur numérique de « r » est volontairement importante, ce qui ne reflète pas toujours la réalité clinique.

REMARQUE

L'erreur est calculée au niveau de la deuxième molaire, dent la plus proche des condyles par rapport à celles qui lui sont antérieures. Ces dernières, plus distantes de l'axe charnière, seront moins concernées par la localisation arbitraire de celui-ci.

Cet exemple montre à l'évidence que l'emploi d'une éventuelle cire d'inter-cuspidation maximale habituelle, qui ne répond pas, par essence, aux critères définis par la relation centrée, est une erreur à ne pas commettre.

Montage du modèle mandibulaire en position thérapeutique

Le port de la gouttière occlusale conditionne la nouvelle position mandibulaire déterminée par des muscles masticateurs et des articulations temporo-mandibulaires fonctionnant maintenant avec une certaine normalité. La décontraction musculaire obtenue par le port de la gouttière occlusale facilitant le guidage mandibulaire, la position dite thérapeutique s'enregistre aisément sur la cire Moyco réchauffée à 52°. La position mandibulaire thérapeutique étant mémorisée, le praticien prend le menton du patient entre le pouce et l'index, guide la mandibule sans forcer pour indenter le matériau d'enregistrement. Le montage sur articulateur adopte la même technique que précédemment [3].

MEMENTO

Le montage du modèle de l'arcade dentaire maxillaire du patient sur la branche supérieure de l'articulateur se fait à l'aide de l'arc facial. Le montage du modèle mandibulaire sur la branche inférieure de l'articulateur est réalisé soit en intercuspidation maximale en le positionnant à la main, soit en relation centrée ou en position thérapeutique à l'aide d'une cire d'enregistrement. Les erreurs occlusales dues aux différents montages sont soit nulles, soit négligeables.

Montage sur articulateur virtuel

Depuis l'apparition de la CFAO, un nombre important de logiciels, de scanner intra-oraux et d'articulateurs virtuels, répondant à plusieurs systèmes d'enregistrement, sont présents sur le marché dentaire. Les citer tous rendrait ce chapitre pléthorique et n'apporterait rien de particulier à la compréhension de leur utilisation [12-19].

Nous avons donc choisi de décrire le système que nous utilisons dans notre clinique dentaire. L'empreinte optique est réalisée à l'aide d'une caméra TRIOS de 3Shape (fig. 3.1). Le scanner de table Ceramill Map et l'articulateur Artex sont de chez Amann Girrbach.

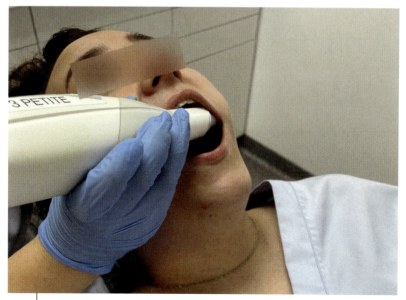

FIG. 3.1 - Empreinte optique.

L'utilisation de l'articulateur virtuel ne nécessite pas l'empreinte des arcades maxillaire et mandibulaire ainsi que leur coulée en plâtre. La caméra d'empreinte saisit l'anatomie des arcades dentaires maxillaire et mandibulaire ainsi que leur occlusion en intercuspidation maximale ou en relation centrée. Le fichier est ensuite envoyé au laboratoire de prothèse.

Le prothésiste reçoit le fichier dans son ordinateur. Il prépare les modèles virtuels des arcades mandibulaire et maxillaire en affinant leur contour (fig. 3.2). Cette finition ressemble à celle de la meule à plâtre, qui cette fois est virtuelle. Il cherche ensuite dans son programme l'articulateur sur lequel les modèles maxillaire et mandibulaire seront transférés.

FIG. 3.2 - Modèles virtuels préparés.

Montage du modèle maxillaire

Le modèle maxillaire virtuel est monté sur la branche supérieure de l'articulateur virtuel à l'aide d'une cible calibrée virtuelle (fig. 3.3 et 3.4). Ce positionnement centré donne les mêmes erreurs vues précédemment lors du montage du modèle maxillaire en plâtre sur la branche supérieure de l'articulateur conventionnel.

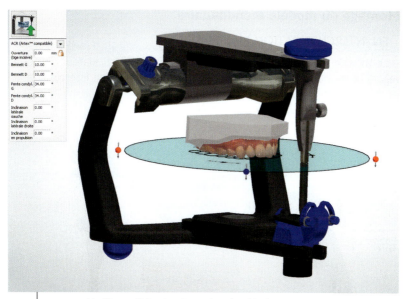

FIG. 3.3 - Modèle maxillaire virtuel centré sur la table de montage virtuelle.

FIG. 3.4 - Modèle maxillaire virtuel monté sur la branche supérieure de l'articulateur virtuel.

Montage du modèle mandibulaire

EN INTERCUSPIDATION MAXIMALE

Le modèle mandibulaire est ensuite intégré dans l'articulateur virtuel en regard du modèle maxillaire, selon les rapports dentaires en intercuspidation maximale enregistrés avec le scanner buccal (fig. 3.5).

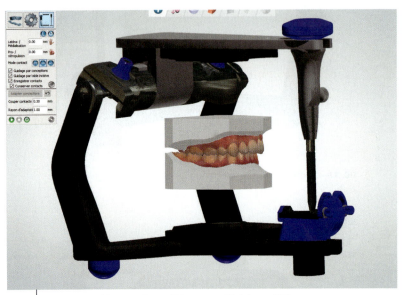

FIG. 3.5 - Modèles virtuels maxillaire et mandibulaire en ICM.

EN RELATION CENTRÉE

L'enregistrement de la relation centrée en clinique suit le même protocole que précédemment à l'aide de la cire Moyco. Elle est insérée entre les deux arcades dentaires lors de la saisie du rapport intermaxillaire avec la caméra d'empreinte.

Le modèle maxillaire est monté sur la branche supérieure de l'articulateur virtuel comme précédemment. Le programme informatique ne reconnaissant que les deux arcades dentaires, la cire de relation centrée n'apparaît pas sur la simulation globale qui est envoyée par courriel au laboratoire de prothèse. Les modèles maxillaire et mandibulaire sont donc positionnés en relation centrée sur l'articulateur virtuel dans la position enregistrée en clinique (fig. 3.6).

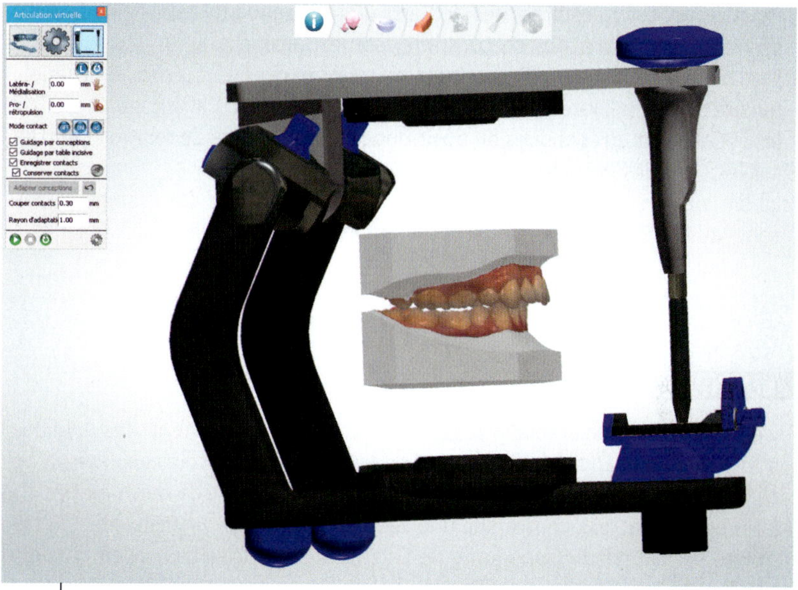

FIG. 3.6 - Modèles virtuels maxillaire et mandibulaire en RC.

EN POSITION THÉRAPEUTIQUE

Le protocole de montage des modèles maxillaire et mandibulaire sur l'articulateur virtuel est le même que précédemment. La cire d'enregistrement de la position thérapeutique n'apparaît pas sur l'écran de l'ordinateur. Les modèles maxillaire et mandibulaire sont positionnés sur l'articulateur virtuel dans la position thérapeutique résultant du port de la gouttière occlusale.

REMARQUES

L'emploi de l'articulateur virtuel simplifie l'étape de la prise d'empreinte en supprimant les éventuelles erreurs dues aux matériaux d'empreinte et à la coulée du plâtre.

Le chirurgien-dentiste voit d'emblée l'aspect des arcades dentaires sur l'écran de son ordinateur.

Le montage des modèles maxillaire et mandibulaire sur l'articulateur virtuel ne nécessite pas, comme c'est le cas sur l'articulateur conventionnel, d'emploi de plâtre, ce qui fait gagner un temps précieux à son utilisateur.

De surcroît, ce protocole de montage des modèles maxillaire et mandibulaire virtuels évite, comme c'est le cas pour l'articulateur conventionnel, leur maintien et celui des branches de l'articulateur pendant la durée de la prise du plâtre qui permettait de contrarier son expansion.

Il en est de même pour le montage en relation centrée du modèle mandibulaire sur l'articulateur virtuel qui offre, entre autres, l'avantage de pallier les éventuelles erreurs dues au positionnement de la cire de relation centrée sur les modèles en plâtre.

La diminution des différentes étapes et la simplification des manipulations sont les avantages réels de l'articulateur virtuel.

MÉMENTO

L'emploi de l'articulateur virtuel nécessite l'enregistrement des arcades maxillaire et mandibulaire, ainsi que leurs rapports occlusaux avec une caméra d'empreinte optique. Le modèle virtuel de l'arcade dentaire maxillaire du patient est centré sur une table de montage virtuelle afin d'être monté sur la branche supérieure de l'articulateur virtuel. Le modèle mandibulaire virtuel s'intègre ensuite soit en intercuspidation maximale, soit en relation centrée, soit en position thérapeutique. L'absence d'emploi de plâtre est un avantage qui néglige les différentes erreurs dues aux matériaux d'empreinte, à la coulée du plâtre et à son expansion lors du montage.

4

Excursions mandibulaires

Pente condylienne

La pente condylienne (PC) est l'angle formé par le plan axio-orbitaire (PAO) et la sécante joignant la situation haute (A) du condyle dans sa fosse mandibulaire et sa position basse (B) à la partie postérieure du tubercule articulaire (fig. 4.1). Cliniquement, elle correspond au mouvement de propulsion réalisé de l'intercuspidation maximale au bout à bout incisif. La pente condylienne permet la programmation des boîtiers condyliens des articulateurs dans le

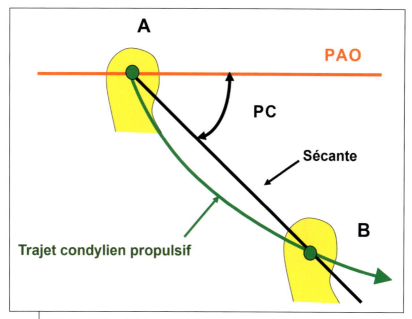

FIG. 4.1 - Schéma de la pente condylienne.

plan sagittal. Le trajet condylien est plat pour les articulateurs semi-adaptables, il répond ainsi à la sécante du mouvement, tandis que dans les articulateurs adaptables la courbure du plafond des boîtiers condyliens correspond plus à la réalité anatomique [20,21].

Angle de Bennett

L'angle de Bennett (ß) est formé par le plan parasagittal passant par le centre du condyle non travaillant et la sécante joignant la situation haute (A) du condyle dans sa fosse mandibulaire et sa position latérale non travaillante basse (B). Cliniquement, il correspond au mouvement de latéralité réalisé de l'intercuspidation maximale au bout à bout canin, ou au bout à bout des cuspides travaillantes prémolaires et molaires.

L'angle de Bennett permet la programmation des boîtiers condyliens des articulateurs. Le trajet condylien est droit pour les articulateurs semi-adaptables en suivant l'aile de Bennett qui correspond à la sécante du mouvement, tandis que dans les articulateurs adaptables, la courbure de l'aile de Bennett dans les boîtiers condyliens s'approche de la réalité anatomique de l'angle interne de la fosse mandibulaire [20-22] (fig. 4.2).

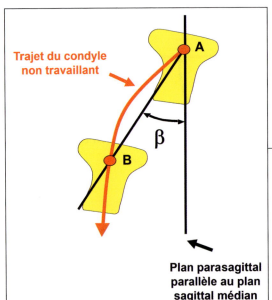

FIG. 4.2 - Schéma de l'angle de Bennett.

> **REMARQUE**
>
> Il est possible de programmer les boîtiers condyliens de l'articulateur Quick Master de la firme FAG à l'aide d'inserts plus ou moins courbes en fonction de l'importance du déplacement latéral [1] (fig. 4.3).

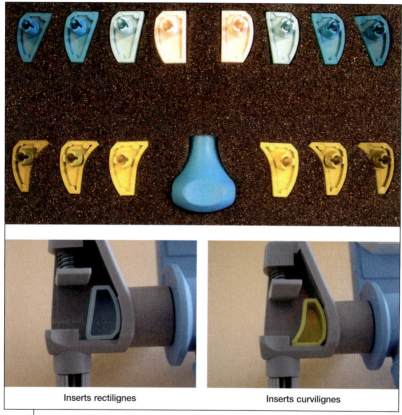

FIG. 4.3 - Inserts de l'articulateur Quick Master.

Certains articulateurs permettent la programmation du déplacement latéral immédiat. Celui-ci se manifeste par une translation mandibulaire, se faisant d'emblée lors du mouvement de latéralité, avant d'effectuer un déplacement en bas, en avant et en dedans. Le déplacement latéral immédiat a été mis en évidence lors de l'utilisation du pantographe dont les attelles de fixation recouvrent les arcades maxillaire et mandibulaire. La manipulation mandibulaire devient donc « praticien dépendant » conduisant la mandibule aux bordures extrêmes du mouvement latéral.

Ce n'est donc pas un mouvement physiologique comme l'atteste l'expérience de Lundeen et Gibbs avec le Gnathic Replicator. Ces auteurs ont montré que lors de la mastication de divers aliments, la moyenne de déplacement du condyle non travaillant est de 1 centimètre en bas et en dedans, tandis que celle du condyle travaillant est 1/3 de millimètres dans le plan sagittal et de 1/5 de millimètres dans le plan frontal. Ce déplacement transversal négligeable de 1/5 de millimètres du condyle travaillant ne peut pas se refléter véritablement sur le condyle non travaillant qui part d'emblée en bas, en avant et en dedans, selon une amplitude de l'ordre du centimètre. Le mouvement du condyle travaillant est donc plus pivotant que centrifuge, l'angle de Bennett sera alors le seul retenu pour matérialiser le déplacement du condyle non travaillant [23,24].

MÉMENTO

Les excursions mandibulaires sont matérialisées par la pente condylienne et l'angle de Bennett. L'expérience de Lundeen et Gibbs sur le Gnathic Replicator montre que le déplacement latéral du condyle travaillant est négligeable. Il est donc pivotant. Le déplacement latéral immédiat est « praticien dépendant ». Il n'est pas physiologique. C'est pour cette raison que nous ne le retenons pas.

Enregistrement de la cinématique condylienne

L'enregistrement de la cinématique condylienne est lié aux différents types d'articulateurs créés au fil du temps odontologique. Un rappel historique des différentes techniques d'enregistrement de la cinématique condylienne et leur compréhension, succédant au chapitre consacré aux excursions mandibulaires, permettent de comprendre leur progression qui aboutit à la création d'instruments d'enregistrement électronique de la cinématique condylienne. Leur succès est dû à l'apparente simplification de manipulation des nouveaux appareillages. Pour en tirer profit, encore faut-il en comprendre le fonctionnement.

Ce qui suit montre donc le cheminement intellectuel des différents concepteurs des techniques d'enregistrement de la cinématique mandibulaire qui a conduit à la création de ces appareillages.

Enregistrements intrabuccaux

Les premières techniques d'enregistrement clinique de la cinématique mandibulaire, dans le but de programmer les articulateurs semi-adaptables, employèrent la méthode intrabuccale. Lauritzen en fut le précurseur. Il proposa l'utilisation de mordus en cire pour la programmation de la pente condylienne et des angles de Bennett. Les mordus sont fabriqués par plusieurs épaisseurs de cire Moyco enrobant une feuille d'étain de 1/10e d'épaisseur. Ils sont placés de part et d'autre de l'arcade mandibulaire afin d'être indentés en bout à bout incisif pour programmer la propulsion, en bout à bout canines droite et gauche pour programmer les angles de Bennett [25] (fig. 5.1).

Afin de simplifier la méthode, Valentin et Morin n'utilisent que deux cires d'enregistrement qui se composent de 2 à 3 épaisseurs de cire Moyco recouvrant toute la surface des arcades dentaires. Sur sa partie inférieure travaillante, la feuille de cire comporte une épaisseur de kwick-Wax. Les contacts sont précisés avec un ciment provisoire de type Temp-Bond. Le mordu en latéralité permet de programmer à la fois la pente condylienne et l'angle de Bennett, en négligeant l'angle de Fischer [26,27] (fig. 5.2).

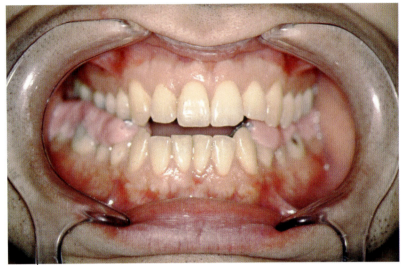

FIG. 5.1 - Enregistrement de la latéralité par la technique de Lauritzen.

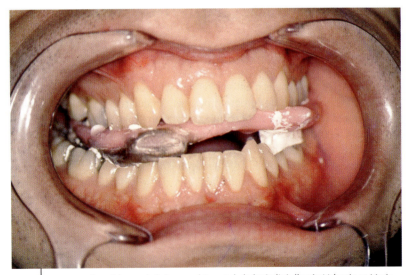

FIG. 5.2 - Enregistrement de la propulsion et de la latéralité d'après Valentin et Morin.

Nous avons mis au point à la faculté de chirurgie dentaire de Lille une méthode de programmation des articulateurs semi-adaptables avec le jig universel, déjà utilisé pour enregistrer la relation centrée. La décontraction musculaire provoquée par le jig rend la manipulation mandibulaire plus aisée. Le patient est guidé en propulsion puis en latéralités droite et gauche. À chaque mouvement, du plâtre Snow-white est injecté à l'aide d'une seringue à gros embout sur les quatre cadrans des arcades dentaires. Les mordus de plâtre sont transférés ensuite sur l'articulateur pour le programmer [28] (fig. 5.3 et 5.4).

Les cires ou les plâtres d'enregistrement sont ajustés sur les modèles en plâtre des arcades dentaires maxillaire et mandibulaire montés sur articulateur. En propulsion, les boules condyliennes de l'articulateur situées maintenant en bas et en avant perdent le contact avec leurs boîtiers respectifs qu'il suffit de baisser pour lire les valeurs des pentes condyliennes sur leurs murs externes (fig. 5.5). En latéralité, les boules condyliennes se retrouvent en bas, en avant et en dedans. Les contacts des ailes de Bennett des boîtiers condyliens avec leurs boules condyliennes respectives donnent les valeurs des angles de Bennett lues sur le dessus des boîtiers condyliens (fig. 5.6).

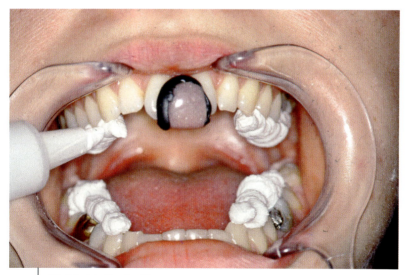

FIG. 5.3 - Injection du plâtre.

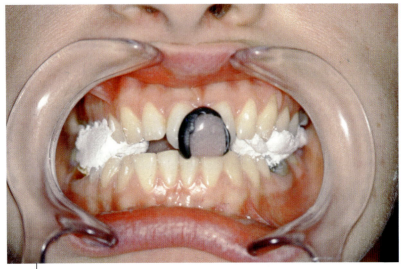

FIG. 5.4 - Enregistrement de la latéralité avec le jig universel.

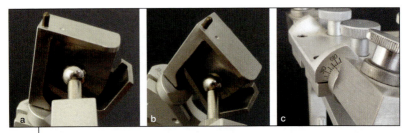

FIG. 5.5 - a et b. Programmation de la propulsion. **c**. Lecture de la valeur la pente condylienne.

FIG. 5.6 - a et b. Programmation de la latéralité non travaillante. **c**. Lecture de la valeur de l'angle de Bennett.

CHAPITRE 5

REMARQUE

Les articulateurs semi-adaptables travaillent selon des sécantes aux mouvements condyliens. En revanche, les appareillages qui vont maintenant être décrits prendront en considération les courbures des fosses mandibulaires.

Pantographie

La pantographie est liée à la conception des articulateurs totalement adaptables qui reflètent la véritable cinématique condylienne du patient.

MÉCANIQUE

Le plus ancien articulateur adaptable programmé à l'aide du pantographe est celui de Stuart [29]. Mis au point par Guichet [6], le pantographe mécanique de la firme Denar, plus récent, est exposé dans ce chapitre. Il est agrégé sur des attelles de fixation fabriquées en résine autopolymérisable qui se fixent sur les arcades dentaires. Le pantographe est composé de deux parties. L'une maxillaire comporte six stylets pneumatiques (deux antérieurs, deux postérieurs horizontaux et deux postérieurs sagittaux), l'autre mandibulaire supporte six

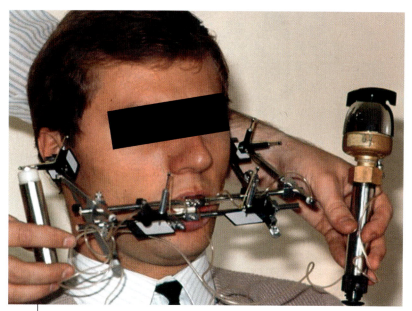

FIG. 5.7 - Pantographe mécanique sur patient.

tables d'enregistrement (deux antérieures, deux postérieures horizontales et deux postérieures sagittales) recouvertes de papier inscripteur (fig. 5.7).

Le système pneumatique retient les stylets activés par des élastiques. Le détendeur libère ces stylets qui gravent sur leurs tables respectives les différents tracés de propulsion et de latéralités. Après l'enregistrement, les plages sont recouvertes de feuilles translucides autocollantes et les deux parties du pantographe sont solidarisées en relation centrée afin d'être transférées sur l'articulateur. Les différents réglages des boîtiers condyliens de l'articulateur sont ajustés manuellement en faisant repasser, sur chaque plage, les stylets sur leurs tracés respectifs correspondant à la programmation de cales préformées et d'angles (fig. 5.8).

FIG. 5.8 - Pantographe mécanique monté sur l'articulateur adaptable Denar.

ÉLECTRONIQUE

Au début des années 80, la firme Denar a créé un pantographe électronique appelé Pantronic. Celui-ci, répondant aux mêmes principes pantographiques que son aîné, se distingue de ce dernier par son support informatique. Il se compose de deux parties. L'une, maxillaire, intègre des boîtiers paracondyliens. L'autre, mandibulaire, supporte des sondes optiques orthogonales entre elles reliées à un ordinateur. Pendant les différents mouvements mandibulaires, les déplacements des sondes dans leurs boîtiers respectifs envoient des informations à l'ordinateur qui livre, par l'intermédiaire de son imprimante, la forme des différentes cales et les valeurs numériques de programmation des articulateurs adaptables de la firme Denar [30] (fig. 5.9 et 5.10).

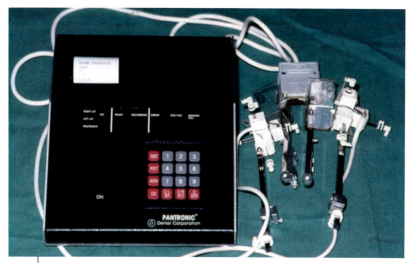

FIG. 5.9 - Pantronic.

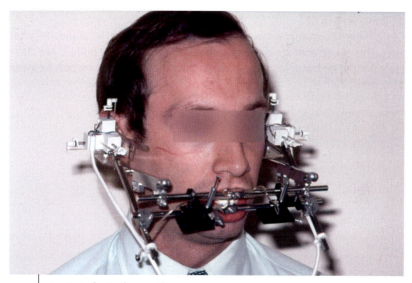

FIG. 5.10 - Pantronic sur patient.

Axiographie

MÉCANIQUE

Le SAM

L'axiographe de SAM est actuellement considéré comme la référence dans l'enregistrement mécanique de la cinématique condylienne. Il est employé pour la programmation des articulateurs SAM. Ceux-ci, considérés comme étant adaptables, n'ont pourtant pas la même précision d'enregistrement comparée à celle des articulateurs adaptables programmés avec le pantographe.

L'axiographie est une technique originale mise au point par Mack et Slavicek. Les tracés axiographiques permettent non seulement la programmation des articulateurs SAM, mais sont également une aide au diagnostic des désordres articulaires [31-34].

L'axiographe se compose d'un arc péricranien supportant des plages d'enregistrement paracondyliennes. Il est installé sur le patient comme si on lui posait une paire de lunettes.

Une attelle mandibulaire autorise, par l'intermédiaire d'un bras frontal et de deux bras sagittaux, le montage de stylets inscripteurs en regard des plages sagittales (fig. 5.11).

La localisation de l'axe charnière précède l'enregistrement des tracés de propulsion et des latéralités non travaillantes. Un papier millimétré translucide est collé sur ces tracés. Les stylets d'enregistrement font place à un comparateur qui enregistre le déplacement frontal sur chacun des millimètres de ces tracés orbitants (fig. 5.12).

Ces différentes valeurs numériques sont notées sur une fiche prévue à cet effet. Lors du démontage de l'axiographe, la localisation du point d'axe charnière permet de tracer le plan de référence axio-orbitaire par rapport à l'index sous-orbitaire.

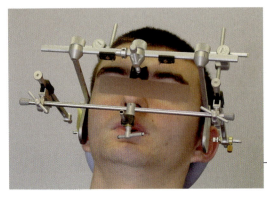

FIG. 5.11 - Axiographe de SAM sur patient.

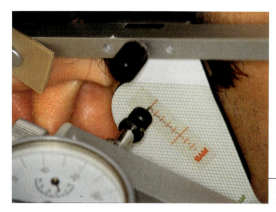

FIG. 5.12 - Comparateur du SAM sur le papier millimétré.

L'observation, à l'aide d'une loupe mire, du tracé protrusif indique le choix du boîtier condylien et la programmation de la pente condylienne. Les valeurs numériques du déplacement frontal, notées sur le comparateur millimètre par millimètre, se rapportent à des tables de calcul. Celles-ci permettent de tracer et de chiffrer l'angulation des angles de Bennett. Le choix de la forme des ailes de Bennett déterminées à l'aide d'une règle graphique clôt la programmation des boîtiers condyliens de l'articulateur SAM **(fig. 5.13)**.

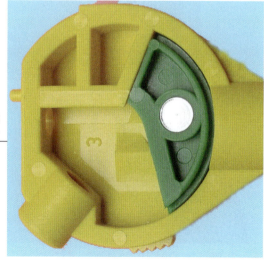

FIG. 5.13 - Ailes de Bennett du SAM.

Le Quick Axis

Le Quick Axis s'inspire de la technique axiographique de Mack et Slavicek. Mais son approche de la cinématique condylienne n'a pas la prétention de rivaliser avec la technique du SAM. Il permet néanmoins, non seulement de programmer l'articulateur Quick Master de la firme FAG, mais également d'être une aide dans le diagnostic du dysfonctionnement cranio-mandibulaire [35].

Du silicone lourd garnit l'attelle de fixation qui s'agrège sur les dents mandibulaires en prenant soin de diriger sa tige dans le plan sagittal médian. Le praticien guide la mandibule de son patient en relation centrée en le faisant mordre sur l'attelle.

L'arc facial du Quick Axis, garni de ses drapeaux parasagittaux, est placé sur le crâne du patient en lui demandant d'introduire lui-même les embouts auriculaires dans ses conduits auditifs. Les boutons de serrage de la partie supérieure de l'arc sont activés, l'appui nasal installé, la sangle postérieure tendue et les stabilisateurs latéraux verrouillés.

Le cardan de la barre frontale est ajusté sur le manche de l'attelle. Pour situer celle-ci, antéro-postérieurement, le bras localisateur est introduit sur la vis de fixation des drapeaux paracondyliens. Selon le principe de la double visée, cette barre frontale est dirigée de telle sorte qu'elle soit parallèle à la barre transversale de l'arc facial dans le plan horizontal et frontal (fig. 5.14).

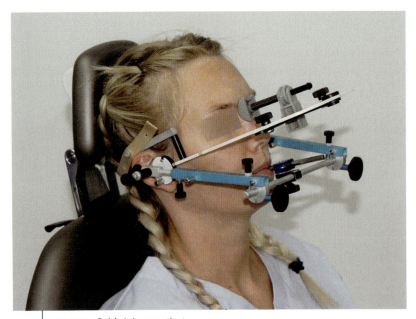

FIG. 5.14 - Quick Axis sur patient.

Le patient mordant toujours en relation centrée sur son attelle, la pointe du stylet du bras localisateur est mise en contact forcé (+ 1 mm) sur la plage d'enregistrement correspondante. Des boutons de réglage conduisent le stylet jusqu'à l'intersection des axes horizontal et frontal.

Le stylet est écarté, un papier carbone est glissé entre celui-ci et la plage d'enregistrement. Le relâchement du stylet permet d'inscrire le trajet du mouvement d'ouverture buccale exécuté par le patient (fig. 5.15).

Afin de programmer le déplacement latéral, le stylet est retiré et remplacé par un micromètre. Celui-ci est préréglé manuellement afin d'être prêt à l'enregistrement. Pour ce faire, les deux graduations marquées sur l'axe du micromètre sont rendues apparentes.

Puis, le tambour est tourné dans le sens des aiguilles d'une montre jusqu'à faire correspondre le zéro avec la ligne de repère, tout en effaçant la deuxième graduation. Le micromètre est introduit sur le bras localisateur et bloqué quand le contact avec le drapeau d'enregistrement est établi (fig. 5.16). Il est ensuite débrayé. Le patient exécute un mouvement de latéralité dont l'amplitude s'arrête au premier arc de cercle de la plage d'enregistrement. La vis du micromètre est de nouveau bloquée. Il affiche la valeur du déplacement latéral non travaillant. Pour connaître celle-ci, le tambour est tourné, à nouveau, dans le sens des aiguilles d'une montre jusqu'au contact de l'épaulement de référence. La valeur du déplacement latéral est lue de la façon suivante : un tour de tambour correspond à 1 mm, le chiffre lu représente les dixièmes de millimètres. Les

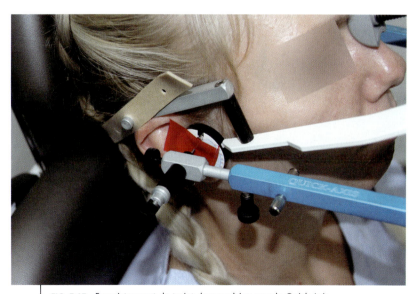

FIG. 5.15 - Enregistrement du trajet de propulsion avec le Quick Axis.

FIG. 5.16 - Micromètre du Quick Axis.

valeurs sont interprétées à travers une table de conversion qui indique le choit des inserts (fig. 4.3). La valeur de la pente condylienne est calculée sur le tracé d'ouverture en dessinant une sécante du repère orthonormé au deuxième arc de cercle de la plage d'enregistrement [1] (fig. 5.17).

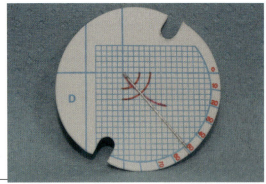

FIG. 5.17 - Sécante au tracé de propulsion du Quick Axis.

ÉLECTRONIQUE

Les axiographes électroniques sont au nombre de deux. L'un a été créé par Slavicek, le Cadiax, l'autre par Mack, l'Axiotron. Les stylets inscripteurs sont remplacés par des sondes électroniques, les drapeaux paracondyliens deviennent des petites tables à digitaliser. Le programme informatique permet la localisation de l'axe charnière et fournit les valeurs numériques de programmation des déterminants postérieurs de l'articulateur SAM. L'interprétation des tracés axiographiques virtuels, situés dans les plans sagittal et frontal, aide au diagnostic des dysfonctionnements cranio-mandibulaires [36, 37] (fig. 5.18).

CHAPITRE 5

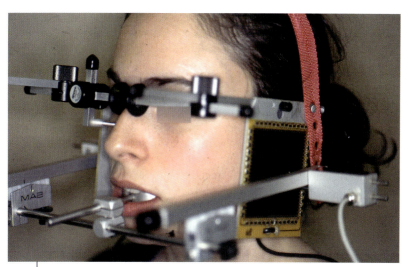

FIG. 5.18 - Axiographe électronique Cadiax.

REMARQUE

La technique pantographique est maintenant abandonnée. L'acquisition d'un axiographe demandant, pour le SAM, un certain investissement, ainsi que la lourdeur, voire la complexité de leur protocole de programmation des articulateurs, surtout en ce qui concerne le Quick Axis, freinent leur diffusion dans les cabinets dentaires des omnipraticiens. Quant à investir, ces derniers se tournent aujourd'hui vers les instrumentations numériques.

Enregistrements mandibulaires numériques

Au début des années 90, dans le cadre de nos thèses, l'une de doctorat d'État et les deux autres d'Université, rédigées et soutenues à la faculté de chirurgie dentaire de Lille, nous avons créé le Cinétic.
Une attelle de fixation mandibulaire reliée à un arc facial par l'intermédiaire de potentiomètres permettait, dans un premier temps, d'enregistrer la cinématique du dentalé et la célérité mandibulaire. Puis nous avons continué notre recherche pour enregistrer la cinématique condylienne. Malgré des résultats encourageants, nous nous sommes aperçus rapidement qu'il fallait non seulement intégrer avec exactitude l'orientation du plan axio-orbitaire, pour obtenir une analyse fine de la cinématique condylienne, mais également faire l'achat de potentiomètres plus performants. Faute de crédit, nous n'avons pas pu poursuivre nos investigations.

Ce travail d'équipe nous a cependant donné une certaine compétence qui nous permet d'évaluer les différents systèmes qui apparaissent sur le marché dentaire [38-41].

CRITÈRES

Il existe plusieurs types d'articulateurs virtuels, les articulateurs dits mathématiques et les articulateurs virtuels totalement adaptables. Les premiers nécessitent le montage des modèles maxillaire et mandibulaire sur un articulateur conventionnel qui est ensuite scanné pour devenir virtuel. Le second est d'emblée virtuel et requiert un enregistrement des mouvements mandibulaires du patient par un système numérique. Nous nous intéresserons exclusivement à ces derniers qui sont promis à un plus grand avenir.

Le choix de l'appareillage permettant l'enregistrement des mouvements mandibulaires numériques dépend de plusieurs critères. Le plus important est de savoir s'il est possible de localiser le plan de référence axio-orbitaire. De celui-ci dépend le montage du modèle maxillaire sur la branche supérieure de l'articulateur virtuel dans la situation anatomique exacte qu'occupe l'arcade maxillaire du patient. Les valeurs réelles des pentes condyliennes et des angles de Bennett en dépendent également.

DIFFÉRENTS APPAREILLAGES [42, 43]

Les systèmes permettant l'enregistrement des mouvements mandibulaires numériques sont de plus en plus nombreux et de plus en plus sophistiqués. Les citer tous serait une gageure, d'autant que les systèmes se développent de plus en plus vite. À tel point que ce chapitre deviendrait rapidement caduc, mais les exigences exprimées précédemment seront toujours les mêmes. Nous n'en citerons que trois qui semblent être les plus aboutis actuellement. Nous analyserons leurs principales qualités. Cette description est volontairement sommaire, sachant que tous ces systèmes sont en pleine évolution.

Ces différents systèmes fonctionnent avec les modèles virtuels des arcades maxillaire et mandibulaire, précédemment scannés sur le patient, permettant ainsi l'emploi d'un articulateur virtuel au laboratoire de prothèses.

Le Digital Workflow de Zirkonzahn

L'enregistrement de la cinématique mandibulaire se fait avec un système optique. Dans un premier temps différents points sont tatoués sur le visage du patient. Les caméras du « Face Hunter » les enregistrent par acquisition d'une triangulation de caméras, permettant de réaliser un scanner facial qui est l'avatar du patient. Un plan de référence aile du nez-tragus déterminé par le

« Plane Finder » aide le patient à garder un port de tête naturel. Ensuite, le « Plane Analyser » enregistre la cinématique mandibulaire du patient.

Le système superpose le scanner facial et les empreintes numériques des arcades maxillaire et mandibulaire. Les informations sont envoyées au laboratoire de prothèse. Le plan de référence se confond avec le plan d'occlusion, sur lequel est monté le modèle maxillaire virtuel sur la branche supérieure de l'articulateur virtuel. Puis le modèle mandibulaire virtuel se place sous le modèle maxillaire virtuel afin d'être intégré sur la branche inférieure de l'articulateur virtuel.

La courbe de Spee peut être matérialisée. L'articulateur virtuel est muni d'une table incisive allant jusqu'à 50°.

Les modèles virtuels peuvent être équilibrés en relation centrée, mais la situation de celle-ci demande le déplacement informatique du condyle en haut et en arrière (fig. 5.19).

FIG. 5.19 - « Face Hunter » du système Digital Worflow de Zirkonzahn. Enregistrement des mouvements mandibulaires avec le système Digital Worflow de Zirkonzahn (images du fabricant).

Le système Zebris d'Amann Girrbach

Le patient supporte un arc facial sur lequel des capteurs saisissent les mouvements mandibulaires donnés par les émetteurs infrarouges de la fourchette mandibulaire extra-buccale. Les déplacements mandibulaires sont enregistrés par rapport à un plan de référence. Celui-ci est localisé, antérieurement, par la partie frontale de l'arc facial, postérieurement, au moyen d'un stylet numérique en regard des condyles droit et gauche. L'axe charnière réel est obtenu par plusieurs ouvertures et fermetures buccales. En effet, le programme informatique différenciant la rotation et la translation condylienne permet la situation de l'axe charnière.

La localisation précise de l'axe charnière permet la réalisation d'une analyse axiographique numérisée servant d'aide au diagnostic aux éventuels dysfonctionnements cranio-mandibulaires.

Les différents déplacements mandibulaires apparaissent à l'écran sur un avatar (fig. 5.20).

Avec l'empreinte optique, le Zébris permet l'emploi de l'articulateur virtuel au laboratoire de prothèses. La table incisive de l'articulateur peut être programmée jusqu'à 70°.

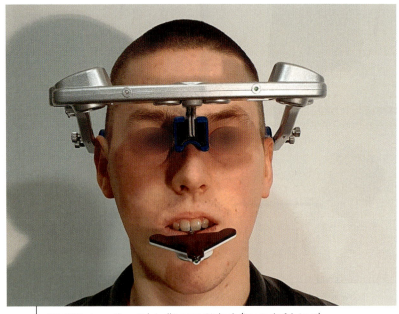

FIG. 5.20 - Le système Zebris d'Amann Girrbach (image du fabricant).

CHAPITRE 5

Le Modjaw

Il présente de réelles différences avec les systèmes précédents. Il se compose d'un ordinateur, contenant le logiciel, d'une caméra optique, d'un stylet réflecteur, d'un casque et d'une fourchette mandibulaire, tous deux dotés d'émetteurs et de récepteurs. L'enregistrement des mouvements mandibulaires répond à la technologie infrarouge. Les modèles virtuels des arcades maxillaire et mandibulaire ne sont pas montés, en un premier temps, sur un articulateur virtuel.

Le stylet réflecteur est pointé sur trois points de référence : la position approximative des condyles droit et gauche ainsi que le point sous-nasal, ce qui génère automatiquement une approche du plan de référence axio-orbitaire déduite par intégration de données statistiques. La cinématique mandibulaire est ensuite enregistrée à partir de la position d'intercuspidie maximale. Parmi les autres acquisitions de mouvements, un enregistrement de la relation centrée (éventuellement à l'aide d'un jig universel ou d'une manipulation bimanuelle) permet au programme informatique de repositionner l'axe charnière approché en axe charnière réel. À partir de cette nouvelle situation, les mouvements mandibulaires enregistrent les déterminants condyliens. La pente condylienne et l'angle de Bennett prennent alors leurs véritables valeurs. Il est possible de programmer l'inclinaison du plateau incisif dans l'articulateur virtuel en ajoutant 10° à la pente condylienne, quand la table incisive se situe sur la branche supérieure de l'articulateur, et 15° quand elle se situe sur la branche inférieure [1, 20]. Quand la table incisive doit être façonnée, les mouvements mandibulaires enregistrés par le Modjaw sont appliqués lors de la modélisation des dents antérieures au laboratoire de prothèses.

Le Modjaw a une fonctionnalité qui affiche les courbes de Spee et de Wilson, appelées calotte occlusale. Sa méthode de calcul, similaire à celle du drapeau, permet l'analyse occlusale du plan d'occlusion. Les contacts prématurés en relation centrée apparaissent, la simulation d'une équilibration numérique est alors possible.

Son programme informatique peut fractionner les séquences d'enregistrement, ce qui permet d'envoyer au laboratoire de prothèses les données nécessaires à la conception prothétique qui est construite en CFAO.

L'enregistrement des trajets condyliens peut servir d'aide au diagnostic dans le cadre des dysfonctionnements cranio-mandibulaires (fig. 5.21).

L'image du cone beam du patient peut être importée pour apparaître avec les modèles maxillaire et mandibulaire en occlusion. Avec le Bellus3D Dental Pro, il est possible de créer un jumeau numérique qui apporte un renseignement supplémentaire au prothésiste qui ne connaît pas le patient.

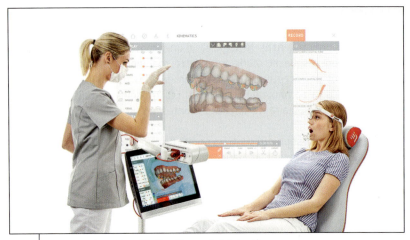

FIG. 5.21 - Le système Modjaw (image du fabricant).

ANALYSE DES DIFFÉRENTES TECHNIQUES

L'enregistrement numérique des mouvements mandibulaires demande un appareillage complexe, chronophage et coûteux. Les images obtenues qui reflètent la cinématique mandibulaire sont impressionnantes et donnent un nombre considérable de données sur les mouvements mandibulaires qui peuvent dérouter le profane. L'analyse qui suit reste modeste tant les systèmes évoluent. Les éventuelles critiques d'aujourd'hui seront peut-être caduques demain. Les systèmes exposés ont une approche différente de l'enregistrement de la cinématique mandibulaire.

Le Digital Workflow

Il s'appuie sur l'enregistrement infrarouge. L'enregistrement des déterminants postérieurs condyliens se faisant selon le plan d'occlusion, et non pas selon le plan de référence axio-orbitaire, les valeurs des déterminants condyliens perdent de leur exactitude. Un articulateur virtuel entre dans le programme au laboratoire de prothèse.

Malheureusement, la relation centrée est obtenue mécaniquement en refoulant la boule condylienne de l'articulateur virtuel, en haut et en arrière, ce qui correspond à l'ancienne définition de la position condylienne.

Il permet la visualisation d'un avatar. Le prothésiste découvre, entre autres, le sexe, la forme du visage et la ligne du sourire du patient. Cela dispense le praticien de les lui transmettre.

Le système demande un nombre conséquent de manipulations et d'appareillage.

Le Zebris

Le Zebris se base sur l'enregistrement ultrasonique. L'axe charnière approché est localisé arbitrairement par un stylet numérique, ce qui permet de le positionner véritablement, en un second temps, en demandant au patient de réaliser plusieurs ouvertures et fermetures buccales.

La localisation précise de l'axe charnière peut servir d'aide au diagnostic des éventuels dysfonctionnements cranio-mandibulaires.

La situation du point de référence antérieur sur l'arc facial n'est pas celui du plan axio-orbitaire, se situant à la partie la plus déclive de la cavité orbitale. Les pentes condyliennes et les angles de Bennett y perdent donc leurs vraies valeurs. Il est dommage que le programme informatique ne permette pas une localisation précise de la référence antérieure grâce au stylet numérique. Ceci permettrait au système de travailler selon le véritable plan de référence axio-orbitaire.

L'empreinte numérique des arcades dentaires maxillaire et mandibulaire est envoyée au laboratoire de prothèses, afin d'effectuer leur montage sur un articulateur virtuel choisi dans le programme informatique.

Comme le système précédent, les différents déplacements mandibulaires apparaissent à l'écran sur un avatar.

Le Modjaw

Le Modjaw semble le plus abouti. Le système adopte la technique infrarouge et fonctionne avec les modèles maxillaire et mandibulaire virtuels du patient sans avoir recours, en un premier temps, à un articulateur virtuel. Un stylet réflecteur permet d'enregistrer le point antérieur du plan de référence axio-orbitaire ; quant à l'axe charnière, il est localisé réellement grâce à la manipulation en relation centrée. La pente condylienne et l'angle de Bennett prennent leurs véritables valeurs qui n'ont pas à souffrir comparées à celles obtenues avec un axiographe électronique.

Le plan d'occlusion et les contacts prématurés en relation centrée sont visualisés. Les séquences d'enregistrement sont envoyées au laboratoire de prothèses afin de construire les prothèses selon la technique de la CFAO. L'absence d'emblée d'un articulateur virtuel peut être déconcertante en un premier temps. Il faut donc une certaine habitude pour s'en passer.

Le Modjaw saisit la mastication du patient auquel on a donné une gomme à mâcher. Ceci peut être un élément qui permet de voir ensuite si la prothèse s'intègre bien dans les cycles de mastication.

La localisation précise de l'axe charnière sert d'aide au diagnostic dans le cadre des dysfonctionnements cranio-mandibulaires.

La création d'un jumeau numérique permet au prothésiste de parfaire l'esthétique en fonction du sexe, de l'âge et de la forme du visage.

REMARQUE GÉNÉRALE

Notre souhait est que ces appareillages soient de manipulation plus aisée et d'un abord moins sophistiqué, tant pour le praticien qui l'utilise que pour le patient qui le supporte. Ceci permettrait de les prendre en main sans être obligé de suivre une longue formation. Enfin, nous espérons que leur plus grande diffusion permettra de réduire leur coût, afin de les rendre plus accessibles aux confrères omnipraticiens.

MÉMENTO

L'enregistrement de la cinématique mandibulaire a évolué au fil du temps odontologique pour passer de l'enregistrement intra-oral à l'enregistrement mandibulaire numérique. Les étapes pour arriver à cette situation furent la pantographie et l'axiographie. Les différents appareillages numériques doivent répondre à certains critères pour rivaliser avec la mécanique des articulateurs conventionnels : pouvoir localiser le plan de référence axio-orbitaire, permettant de donner les véritables valeurs des pentes condyliennes et des angles de Bennett, et permettre l'analyse occlusale. Trois appareillages sont analysés.

Programmation des articulateurs traditionnels et virtuels

Importance du guidage antérieur

GUIDAGE INCISIF

De l'efficacité ou non du guidage antérieur va dépendre éventuellement le choix de l'articulateur, mais surtout la décision de le programmer réellement ou arbitrairement. En prothèse amovible totale, l'interrogation ne se pose pas. L'absence de dents nécessite une programmation fine de l'articulateur pour respecter le concept de l'occlusion balancée. En prothèse amovible partielle, la classe d'édentement détermine le concept occluso-prothétique. En prothèse conjointe, qu'elle soit implanto-portée ou non, pour répondre aux concepts occluso-prothétiques, le guidage antérieur évite la présence d'interférences postérieures [44-49].

Les différents exemples montrant soit la présence de guidage incisif et canin, soit leur absence, illustrent leur importance. Pour répondre à la réalité clinique, les valeurs numériques attribuées aux schémas se réfèrent aux moyennes données par Slavicek [50].

Les figures représentent dans le plan sagittal un condyle dans sa cavité glénoïde, une incisive centrale maxillaire et mandibulaire, ainsi que la deuxième molaire maxillaire et son antagoniste. La situation de ces dernières à mi-distance des dents antérieures et des condyles mandibulaires permet de simplifier les calculs. La variation de la valeur de la pente condylienne de 50° à 30° met en évidence l'importance du guidage incisif qui permet l'absence d'interférences postérieures.

La valeur moyenne attribuée par Slavicek à la pente incisive (Pi) est de 60°, celle de la pente condylienne est de 50°.

Soit l'angle de la pente condylienne : PC = 50° avec sa variante PC = 30°, celui de l'incisive maxillaire : Pi = 60°, le plan d'occlusion fait un angle de près de 10° avec le plan axio-orbitaire (PAO) : Ω = 10°.

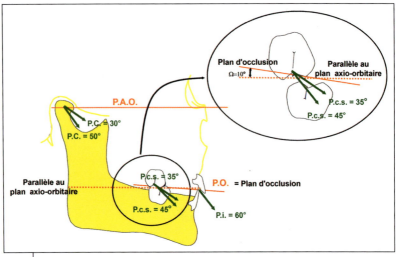

FIG. 6.1 - Schéma représentant l'efficacité du guidage incisif.

La formule de Hanau qui s'intéresse à l'articulé constant permet d'étudier la valeur de la pente cuspidienne sagittale (Pcs) de la deuxième molaire mandibulaire. Située à mi-distance des pentes condylienne et incisive, elle est influencée à parts égales par l'une et par l'autre (fig. 6.1).

> **REMARQUE**
>
> Les angles de la pente incisive et de la pente condylienne variant dans le même sens, leurs valeurs numériques s'ajoutent.

– Pour une pente condylienne de 50° :

$$\text{Pcs} = \frac{PC + Pi}{2} - \Omega. \text{ Soit Pcs} = \frac{50° + 60°}{2} - 10° = 45°$$

– Pour une pente condylienne de 30° :

$$\text{Pcs} = \frac{PC + Pi}{2} - \Omega. \text{ Soit Pcs} = \frac{30° + 60°}{2} - 10° = 35°$$

Les versants des cuspides vestibulo-mésiales des molaires mandibulaires et des cuspides vestibulo-distales des molaires maxillaires ont une pente de l'ordre de 20°. Pour une pente condylienne de 50°, la descente de la molaire mandibulaire est de 45° – il y a donc 25° de liberté –, et pour une pente condylienne de 30°, la descente de la molaire mandibulaire est de 35° – il y a

15° de liberté. Un guidage antérieur efficace permet donc de programmer arbitrairement l'articulateur. Pour pallier les éventuelles erreurs, nous conseillons pour plus de sécurité de programmer la pente condylienne de l'articulateur à 40°.

ABSENCE DE GUIDAGE INCISIF (FIG. 6.2)

Le même protocole est repris en faisant varier la pente condylienne de 50° à 30° dans le cas d'une pente incisive inexistante, soit Pi = 0°
— Pour une pente condylienne PC de 50°, la pente cuspidienne sagittale (Pcs) est de :

$$Pcs = \frac{PC + Pi}{2} - \Omega. \text{ Soit } Pcs = \frac{50° + 0°}{2} - 10° = 15°$$

— Pour une pente condylienne PC de 30°, la pente cuspidienne sagittale (Pcs) est de :

$$Pcs = \frac{PC + Pi}{2} - \Omega. \text{ Soit } Pcs = \frac{30° + 0°}{2} - 10° = 5°$$

Les versants des cuspides vestibulo-mésiales des molaires mandibulaires et des cuspides vestibulo-distales des molaires maxillaires ayant une pente de l'ordre de 20°, quelle que soit la valeur de la pente condylienne de 50° ou de 30°, la descente de la molaire mandibulaire est de 15° ou de 5°, ce qui provoque des

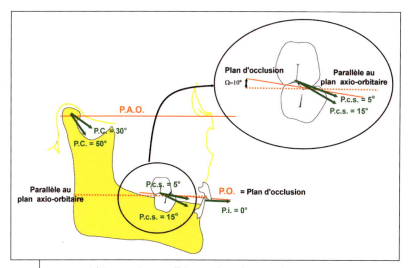

FIG. 6.2 - Schéma représentant l'absence de guidage incisif.

interférences propulsives postérieures. L'inefficacité de la pente incisive demande l'exacte programmation de la pente condylienne. Au laboratoire de prothèses, si la pente condylienne de l'articulateur n'est pas programmée réellement, le prothésiste, dans ce cas, construira involontairement des interférences postérieures en propulsion lors de la confection de prothèses fixées.

GUIDAGE CANIN (FIG. 6.3)

Pour aider à la compréhension de l'importance du guidage latéral, nous reprenons la même démarche lors d'une latéralité mandibulaire en donnant des valeurs à l'angle de Bennett ß et à la pente canine.

Le schéma en coupe frontale représente deux condyles dans leurs cavités glénoïdes respectives, les deuxièmes molaires maxillaires et leurs antagonistes, ainsi que les canines maxillaires et mandibulaires. Comme précédemment, la place privilégiée des cuspides vestibulo-linguales de ces deuxièmes molaires, situées presque à mi-distance des canines et des condyles mandibulaires, leur permet de bénéficier de l'influence égale des uns et des autres.

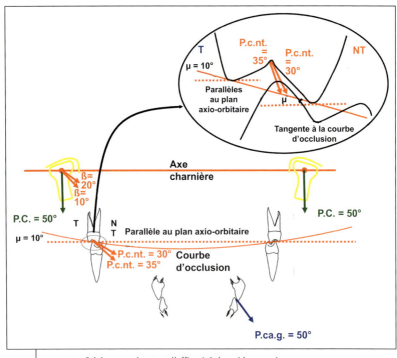

FIG. 6.3 - Schéma représentant l'efficacité du guidage canin.

CHAPITRE 6

La valeur moyenne de la pente canine donnée par Slavicek est de 50°.
Soit l'angle de Bennett ß du condyle droit variant de 10° à 20°, l'angle de la pente condylienne PC = 50°, l'angle de la pente canine gauche Pcag = 50°. La formule de Hanau, adaptée au plan frontal, donne la valeur des pentes cuspidiennes non travaillantes (Pcnt) de la deuxième molaire mandibulaire, située à mi-distance des déterminants condyliens, dans le cadre d'un articulé constant. La courbe de Monson (μ) fait un angle de 10° par rapport au plan de référence axio-orbitaire.

> **REMARQUE**
>
> Les angles de la pente canine et les angles de Bennett variant en sens opposé, leurs valeurs numériques se retranchent. La pente condylienne est prise en considération car le condyle non travaillant suit cette pente, en bas, en avant et en dedans.

Les pentes cuspidiennes non travaillante (Pcnt) répondent à la formule :
– pour un angle de Bennett de 10° :

$$\text{Pcnt} = \frac{\text{PC} - \beta + \text{Pcag}}{2} - \mu = \frac{50° - 10° + 50°}{2} - 10° = 35°$$

– pour un angle de Bennett de 20° :

$$\text{Pcnt} = \frac{\text{PC} - \beta + \text{Pcag}}{2} - \mu = \frac{50° - 20° + 50°}{2} - 10° = 30°$$

Les pentes des versants non travaillants internes de la cuspide vestibulaire de la molaire mandibulaire et palatine externe de la molaire maxillaire étant de l'ordre de 20°, l'angle de Bennett de 10° donne 15° de liberté, l'angle de Bennett de 20° donne 10° de liberté dans la descente latérale de la molaire mandibulaire. En évitant donc les interférences non travaillantes néfastes, la protection canine permet de ne pas programmer réellement l'articulateur semi-adaptable lors de la réalisation de prothèse fixée. Un angle de Bennett programmé à 10°, voire 5°, en fonction de l'âge du patient, est largement suffisant.

ABSENCE DE GUIDAGE CANIN (FIG. 6.4)

Nous reprenons la même démarche avec une pente canine nulle, soit Pcag = 0° :
– pour un angle de Bennett de 10° :

$$\text{Pcnt} = \frac{\text{PC} - \beta + \text{Pcag}}{2} - \mu = \frac{50° - 10° + 0°}{2} - 10° = 10°$$

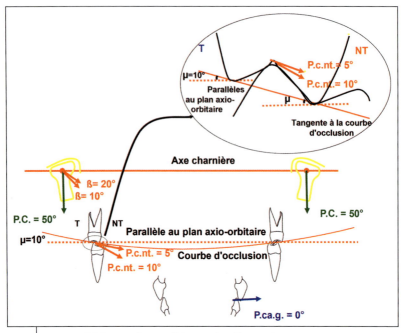

FIG. 6.4 - Schéma représentant l'absence de guidage canin.

- pour un angle de Bennett ß de 20° :

$$\text{Pcnt} = \frac{PC - \beta + Pcag}{2} - \mu = \frac{50° - 20° + 0°}{2} - 10° = 5°$$

Les pentes de versants non travaillants internes de la cuspide vestibulaire de la molaire mandibulaire et palatine externe de la molaire maxillaire étant de l'ordre de 20°, quelle que soit la valeur de l'angle de Bennett de 20° ou de 10°, la descente latérale de la molaire mandibulaire est de 10° ou de 5°, ce qui provoque des interférences non travaillantes.

L'absence de guidage canin demande une programmation fine de l'angle de Bennett, sinon le prothésiste construira involontairement des interférences travaillantes et non travaillantes lors de la confection de prothèses fixées.

Programmation arbitraire

La programmation arbitraire des boîtiers condyliens des articulateurs est dépendante non seulement du guidage antérieur, mais également de l'âge du patient et de la forme des faces triturantes des arcades dentaires. Leur relief s'amenuise avec l'âge, les habitudes et l'éventuel bruxisme. La réflexion permet d'adapter la cinématique condylienne de l'articulateur au contexte clinique. Celui qui est pris ici comme exemple est l'articulateur Quick Master de la firme FAG.

Pour un adulte jeune ayant un guidage antérieur efficace, la programmation arbitraire est de 50° de pente condylienne avec un insert rectiligne de 5°, voire de 10°. En cas de bruxisme, la pente condylienne est de 40° avec un insert curviligne C1 pour permettre une certaine liberté mandibulaire (fig. 6.5).

Pour un sujet âgé, la pente condylienne est réglée à 40° ou 30°, avec un insert rectiligne de 15° ou un insert curviligne C2 (fig. 6.6).

Pour un vieillard, la pente condylienne est programmée à 30° ou 20°, avec un insert rectiligne de 20° ou un insert curviligne C3 (fig. 6.7).

Quand le contexte clinique est moins flagrant, il est recommandé en prothèse fixée de minimiser la valeur de la pente condylienne sur l'articulateur et d'augmenter celle de l'angle de Bennett afin d'éviter les collisions postérieures lors des excursions mandibulaires. En prothèse amovible, c'est l'inverse pour garantir l'articulé constant [1].

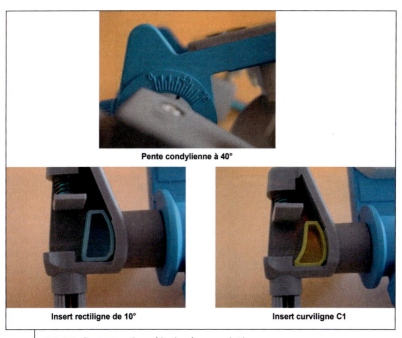

FIG. 6.5 - Programmation arbitraire chez un sujet jeune.

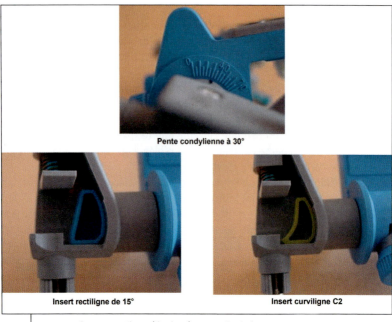

FIG. 6.6 - Programmation arbitraire chez un sujet âgé.

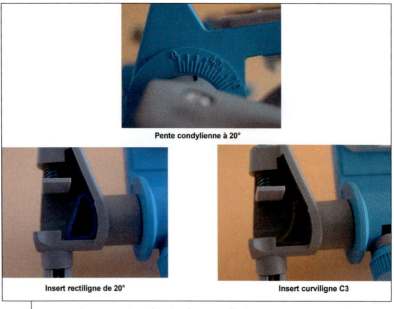

FIG. 6.7 - Programmation arbitraire chez un vieillard.

CHAPITRE 6

Programmation réelle

La programmation des articulateurs est indispensable quand le guidage antérieur est déficient ou inexistant afin de ne pas obtenir de contacts prématurés postérieurs lors des mouvements mandibulaires en propulsion et en latéralités. Il a été vu dans le chapitre 5, consacré aux enregistrements de la cinématique mandibulaire, les différentes techniques d'enregistrement de la cinématique mandibulaire. Les enregistrements intrabuccaux ont été supplantés par des enregistrements extrabuccaux. Nous ne retiendrons pas les enregistrements pantographiques mécanique ou électronique ainsi que ceux de l'axiographe électronique, pour les articulateurs adaptables, et encore moins ceux des appareillages numériques. Le coût de ces appareillages est difficilement conciliable, pour l'instant, avec une pratique odontologique quotidienne en omnipratique. L'articulateur Quick Master de la firme FAG programmé à l'aide du Quick Axis est précis pour la valeur de la pente condylienne, d'autant qu'il s'inspire de la technique axiographique du SAM de Mack et Slavicek (fig. 6.8 et 6.9).

En revanche, la manipulation complexe du micromètre et sa lecture rendent la valeur trouvée de l'angle de Bennett incertaine. Il en est de même pour l'axiographie du SAM. La valeur de la pente condylienne est précise. Mais la lecture du micromètre, le protocole d'utilisation et le report fastidieux des mesures sur la table de calcul sont praticien dépendant (fig. 6.10). La programmation des articulateurs est donc soit dépendante du praticien, soit dépendante du matériel utilisé [35, 51, 52].

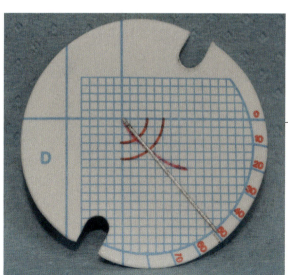

FIG. 6.8 - Valeur de la pente condylienne lue sur les drapeaux paracondyliens du Quick Master.

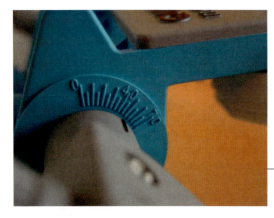

FIG. 6.9 - Programmation de la pente condylienne sur l'articulateur Quick Master.

FIG. 6.10 - Lecture du déplacement latéral sur le micromètre du SAM.

Pourtant, ces différentes techniques adaptées à l'utilisation de ces articulateurs ne sont pas employées couramment au cabinet dentaire, d'autant que l'utilisation de l'articulateur conventionnel est déjà confidentielle. En prothèse fixée, quand la protection antérieure est inefficace, la méconnaissance de l'utilité de la programmation des articulateurs peut entraîner des erreurs de conception prothétique, que cela soit au cabinet dentaire comme au laboratoire de prothèses.

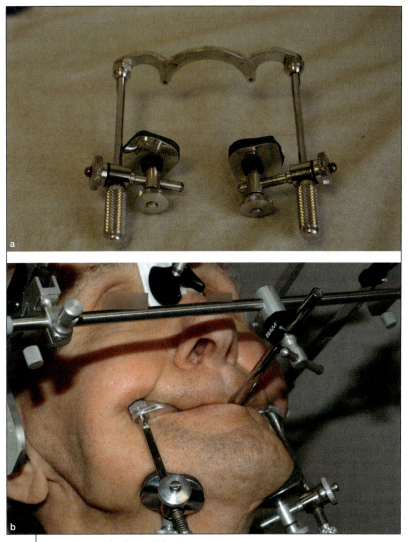

FIG. 6.11 - a et b. Clamp d'Almore.

C'est également le cas en prothèse amovible. Pour répondre au concept de l'articulé constant, assurant la stabilité prothétique, la programmation des déterminants postérieurs de l'articulateur est indispensable. Que cela soit en prothèse amovible partielle, compensant une classe 1 de Kennedy, et surtout en prothèse amovible totale. L'absence de référence dentaire en prothèse amovible totale impose l'enregistrement précis de la cinématique condylienne. Or, il n'est pas aisé d'enregistrer les déterminants postérieurs dans de telles conditions anatomiques. Pour maintenir l'axiographe, seul le clamp d'Almore le permet. Son utilisation est délicate et les résultats obtenus sont loin d'être fiables (fig. 6.11).

Pour pallier tous ces inconvénients et obtenir un résultat acceptable, même s'il n'est pas « académique », nous proposons la programmation, quand elle est nécessaire, des boîtiers condyliens de l'articulateur sur la radio panoramique ou sur un cone beam.

Technique personnelle

La technique résulte de notre observation sur maintenant plus de 5 000 patients en comparant la pente des tracés axiographiques obtenues lors du diagnostic du dysfonctionnement cranio-mandibulaire et celle observée sur la radiographie panoramique. Sur ces plus de 10 000 tracés axiographiques intéressant les deux articulations temporo-mandibulaires, nous avons constaté une certaine similitude entre la valeur angulaire de la pente condylienne, obtenue sur les tracés axiographiques, et la pente du mur antérieur de la fosse mandibulaire, examinée sur la radiographie panoramique.

Pour obtenir les valeurs des pentes incisives sur l'image radiographique, une droite joint les sommets des fosses mandibulaires des articulations temporo-mandibulaires droite et gauche. Une sécante tracée sur chaque articulation temporo-mandibulaire relie le sommet de la fosse mandibulaire à la partie la plus postérieure du tubercule articulaire. L'intersection de la droite et des sécantes donne les valeurs approximatives des pentes condyliennes. Pour plus de sécurité, celles-ci sont arrondies au chiffre inférieur en prothèse fixée et au chiffre supérieur en prothèse amovible (fig. 6.12).

Pour obtenir la valeur de l'angle de Bennett, nous reprenons la formule de Hanau (valeur de la pente condylienne : $\frac{PC}{8} + 12$) qui permettait de programmer l'angle de Bennett afin de répondre au concept de l'occlusion balancée en prothèse amovible complète. Cette formule adaptée aux patients âgés a été remise en cause par Lundeen [24].

Dans un souci de simplification et d'ajustement en fonction de l'âge des patients, nous l'avons aménagée et simplifiée pour en faciliter le calcul. Le 8 est devenu 10 et la valeur numérique ajoutée 12 est modulée selon le type de

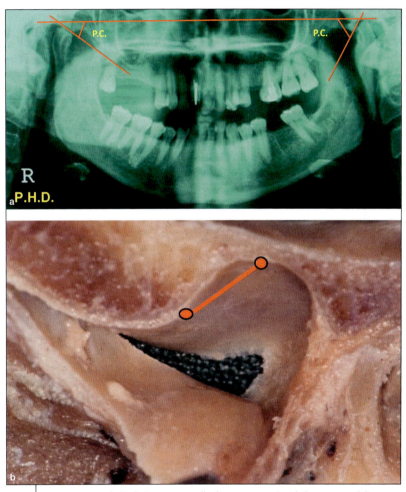

FIG. 6.12 - a et b. Technique personnelle de programmation de la pente condylienne.

prothèse et surtout l'âge du patient. Cette valeur est réduite, voire égale à 0, chez le patient très jeune, et progressivement augmentée de 5 à 20 en fonction de l'âge.
- Pour un adulte jeune dont la valeur de la pente condylienne est de 50°, la valeur de l'angle de Bennett est de :

$$\frac{50°}{10} + 0 = 5°$$

> **REMARQUE**
>
> Ce résultat conforte celui que nous obtenions dans le cadre de travaux pratiques réalisés sur des jeunes étudiants de troisième année de chirurgie dentaire à la faculté de chirurgie dentaire de Lille.

- En fonction de l'âge du patient, la valeur de la pente condylienne s'amenuise et peut atteindre le chiffre de 40° voire 30° pour les plus âgés. Le chiffre additionnel varie alors de 10 à 15. Soit les exemples suivants :
  - pour un adulte âgé avec une pente condylienne calculée à 40°. Le chiffre additionnel sera de 10. Le calcul du déplacement latéral est :

$$\frac{40°}{10} + 10 = 14°$$

  La valeur de l'angle de Bennett est portée à 15° en prothèse fixée et arrondie à 10° en prothèse amovible ;
  - pour un adulte plus âgé avec une pente condylienne calculée à 30°. Le chiffre additionnel sera de 15. Le calcul du déplacement latéral est :

$$\frac{30°}{10} + 15 = 18°$$

  La valeur de l'angle de Bennett est portée à 20° en prothèse fixée et arrondie à 15° en prothèse amovible.

Dans le cadre de l'utilisation du Quick Axis et de l'articulateur Quick Master, en fonction de l'usure des dents et/ou de l'âge du patient, les inserts courbes C1, C2, C3 sont programmés (C1 pour les plus jeunes et C3 pour les plus âgés). Cette technique a été validée par le docteur Fernandes Cautela dans sa thèse de doctorat en médecine dentaire soutenue en juin 2014 à l'Institut supérieur des sciences du sud de Lisbonne au Portugal. Ses résultats sur 50 patients, comparant la méthode de calcul de la pente condylienne sur la radiographie panoramique avec les résultats obtenus par le Quick Axis, montrent une similitude de résultats entre les deux techniques. En effet, la moyenne des pentes condyliennes diffère de 0,06° et la moyenne des angles de Bennett de 0,22° [53].

Une autre thèse soutenue à la faculté de chirurgie dentaire de Lille en 2014 par le docteur Duchatelet pour le diplôme d'État de docteur en chirurgie dentaire valide cette technique. L'auteur a comparé les résultats obtenus sur 38 patients entre le calcul de la pente condylienne sur la radiographie panoramique avec 14 enregistrements de la pente condylienne, à l'aide du Quick Axis, et 24 enregistrements réalisés avec l'axiographe du SAM. Il conclut à une bonne cohérence des résultats obtenus [54].

CHAPITRE 6

> **REMARQUES**
>
> Quelles que soient les techniques utilisées pour pallier une éventuelle insuffisance dans la programmation des articulateurs, les valeurs numériques des pentes condyliennes et des angles de Bennett sont donc arrondies. En prothèse fixée, la pente condylienne est minimisée alors que l'angle de Bennett est augmenté. En revanche, en prothèse totale, pour satisfaire le concept de l'occlusion balancée, c'est l'inverse.
>
> Le choix de la programmation arbitraire ou réelle des déterminants postérieurs des articulateurs, en fonction de la performance du guidage antérieur, ne se pose pas quand il s'agit de systèmes d'enregistrement numérique de la cinématique condylienne répondant à la technique de la CFAO. En effet, quelles que soient les circonstances, les pentes condyliennes et les angles de Bennett sont systématiquement programmés réellement.
>
> Cependant, l'utilisation des articulateurs virtuels qui ne répondent pas à ces techniques d'enregistrement suit le même protocole que celui des articulateurs conventionnels. Lors de la présence d'un guidage antérieur efficace, les valeurs standards suffisent. Mais quand leur programmation réelle est requise, notre technique prend toute sa valeur si l'on veut rester dans la virtualité. En effet, pourquoi utiliser un articulateur virtuel dès lors que sa programmation est tributaire d'un axiographe ? D'autant que l'utilisation de ce dernier est très confidentielle dans les cabinets dentaires.

> **MÉMENTO**
>
> La programmation des articulateurs est soit arbitraire, soit réelle, selon l'efficacité ou non du guidage antérieur. Quand celui-ci est prépondérant, la programmation arbitraire des déterminants postérieurs condyliens suffit. En revanche, dans le cas contraire, leur programmation réelle évite les collisions cuspidiennes postérieures, néfastes en prothèse conjointe. En prothèse amovible, elle favorise l'articulé constant. Pour simplifier le protocole de programmation des articulateurs, nous avons mis au point une technique basée sur l'analyse radiographique. Les systèmes d'enregistrement numérique de la cinématique mandibulaire ne sont pas soumis à cette règle puisqu'ils donnent systématiquement les valeurs réelles des déterminants postérieurs condyliens.

Analyse occlusale sur articulateur conventionnel

L'articulateur choisi est le Quick Master de la firme FAG, non pas qu'il soit le plus fiable, mais c'est l'articulateur le plus répandu car le plus abordable dans sa manipulation et dans son coût.

Analyse de la courbe de Spee au drapeau

Un édentement partiel non corrigé induit une extrusion des dents antagonistes qui perturbe le plan d'occlusion. Son irrégularité trouble la cinématique dento-dentaire en provoquant des interférences occlusales dans les différents mouvements mandibulaires. Pour réaliser la prothèse – qu'elle soit fixée, implanto-portée ou amovible –, il est indispensable de redéfinir le plan d'occlusion afin qu'elles ne ressemblent pas à un véritable créneau de château fort. Idéalement, les arcades dentaires s'établissent selon deux courbes : celle de Monson dans le plan horizontal et celle de Spee dans le plan sagittal.

La courbe de Spee est une courbe antéropostérieure à concavité supérieure partant de la canine mandibulaire, suivant la ligne des pointes cuspidiennes vestibulaires des prémolaires et molaires mandibulaires jusqu'à l'axe charnière condylien. Pour la dessiner, la technique du drapeau est utilisée. Malheureusement, très peu de fabricants ont compris la nécessité de le fabriquer.

La firme FAG fait partie de ceux-là. Le docteur Lefèvre, Maître de conférences à la faculté de chirurgie dentaire de Lille a conçu, à l'aide d'une imprimante 3D, un drapeau pouvant s'intégrer sur l'articulateur Quick Master. Pour faciliter la manipulation du compas, le drapeau a une longueur de 10,4 cm (traduction des 5 *inches* calculés par Spee) correspondant au rayon de la courbe de Spee.

Un patient édenté partiel souhaite restaurer ses arcades dentaires maxillaire et mandibulaire. L'analyse occlusale sur articulateur, faite ici en première intention, est le préambule à toutes décisions thérapeutiques de chirurgie, de parodontologie, de dentisterie. Le choix du concept occluso-prothétique se fait en un deuxième temps. Il dépend des actes réalisés pour la mise en état de la cavité buccale.

Le modèle maxillaire est monté sur la branche supérieure de l'articulateur à l'aide de l'arc facial. Le modèle mandibulaire est monté sur la branche inférieure de l'articulateur en intercuspidation maximale. Le drapeau est agrégé sur la branche supérieure de l'articulateur (fig. 7.1). L'analyse commence du côté droit. Le compas est ouvert à 10,4 cm. Sa pointe est positionnée sur la boule condylienne de l'articulateur afin de dessiner le premier arc de cercle (fig. 7.2). La pointe du compas est placée sur le sommet de l'angle distal canin pour tracer le deuxième arc de cercle (fig. 7.3). La pointe du compas est ensuite placée à l'intersection de ces deux arcs de cercle pour tracer la courbe de Spee. Mais celle-ci s'avérera irréaliste. La pointe du compas est alors déplacée sur une des courbes antérieure ou postérieure du drapeau afin de tracer une courbe de Spee avec plus de réalisme clinique [1] (fig. 7.4 et 7.5). Ce même protocole s'exécute du côté gauche (fig. 7.6, 7.7 et 7.8).

L'observation clinique soutenue par la radiographie panoramique met en évidence les éventuelles dents extrusées par défaut d'antagonisme. L'importance de leur malposition détermine le choix soit de leur ajustage, soit de leur dépulpation, voire de leur extraction [1, 55-58] (fig. 7.9).

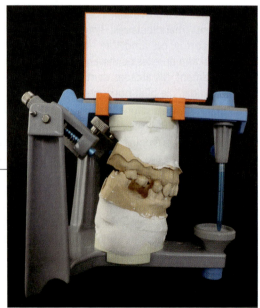

FIG. 7.1 - Drapeau sur articulateur Quick Master.

CHAPITRE 7

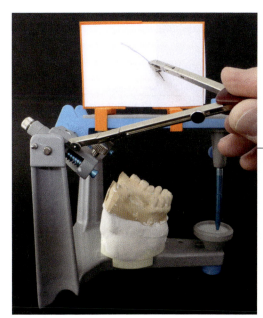

FIG. 7.2 - Arc de cercle à partir de la boule condylienne sur le côté droit.

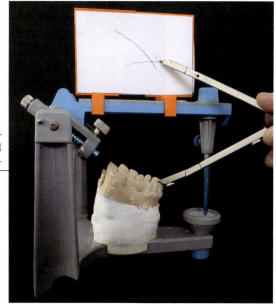

FIG. 7.3 - Arc de cercle à partir du sommet de l'angle distal canin sur le côté droit.

Analyse occlusale sur articulateur conventionnel

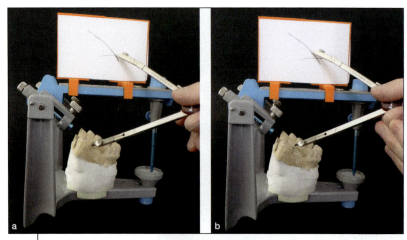

FIG. 7.4 - a. Courbe de Spee irréaliste sur le côté droit. **b.** Déplacement de la pointe de compas sur le côté droit.

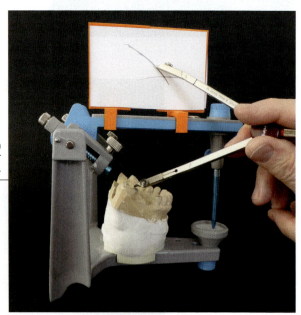

FIG. 7.5 - Matérialisation de la courbe de Spee sur le côté droit.

FIG. 7.6 - Arc de cercle à partir de la boule condylienne sur le côté gauche.

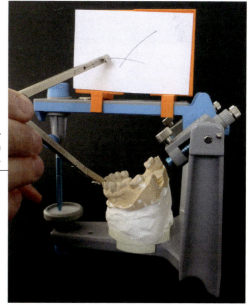

FIG. 7.7 - Arc de cercle à partir du sommet de l'angle distal canin sur le côté gauche.

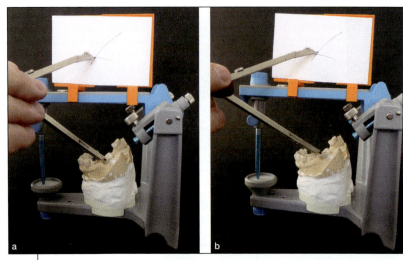

FIG. 7.8 - a. Courbe de Spee irréaliste sur le côté gauche. **b.** Déplacement de la pointe de compas pour tracer la courbe de Spee sur le côté gauche.

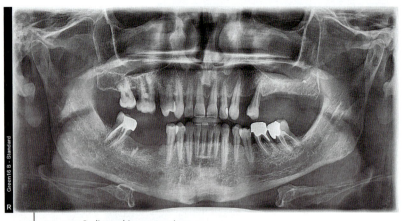

FIG. 7.9 - Radiographie panoramique.

Équilibration des modèles en plâtre et cire de diagnostic

Lors d'une restauration prothétique fixée, les modèles d'étude des arcades maxillaire et mandibulaire sont analysés soit en intercuspidation habituelle, soit en relation centrée, soit en position thérapeutique déterminée par le port de la gouttière occlusale lors du traitement d'une dysfonction cranio-mandibulaire. Les modèles sont montés sur articulateur à l'aide d'une cire d'enregistrement pour les deux derniers cas. L'analyse occlusale permet de supprimer les éventuelles interférences dento-dentaires qui empêchent la réalisation de l'intercuspidation maximale prothétique thérapeutique [1].

Les faces triturantes en plâtre des dents à reconstruire sont réduites de 3 mm (fig. 7.10). Ce protocole simplifie l'analyse occlusale des dents non intéressées par la prothèse. Les interférences sont supprimées en resculptant leurs faces triturantes afin d'obtenir des contacts répartis et punctiformes sur l'ensemble des arcades dentaires. Pour visualiser les prématurités, l'articulateur est refermé afin de mettre en évidence les interférences occlusales révélées par le papier d'occlusion positionné entre les arcades dentaires en plâtre. Quand le contact des dents antérieures est rétabli, l'ajustage s'arrête, à condition qu'il n'induise pas une équilibration dentaire mutilante (fig. 7.11). La cire de diagnostic des dents à reconstruire est réalisée. Les contacts de celles-ci sont en harmonie avec ceux des dents non intéressées par la prothèse (fig. 7.12 et 7.13).

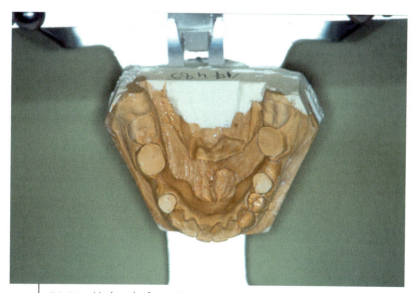

FIG. 7.10 - Meulage des faces triturantes en plâtre.

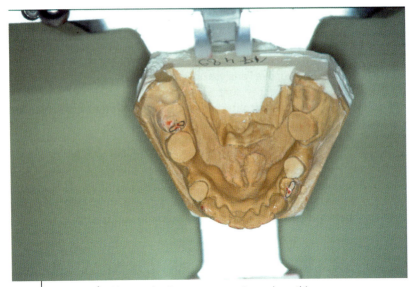

FIG. 7.11 - Équilibration des dents non concernées par la prothèse.

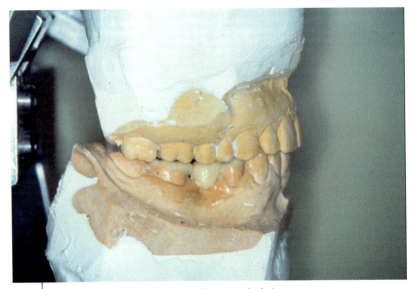

FIG. 7.12 - Cires de diagnostic en occlusion vue de droite.

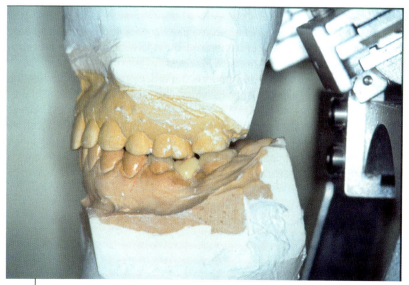

FIG. 7.13 - Cires de diagnostic en occlusion vue de gauche.

> **REMARQUE**
>
> Dans certains cas cliniques, le guidage antérieur peut apparaître inefficace quand l'ajustage occlusal est terminé. Si ce déficit n'a pas été prévu lors de l'examen clinique, la programmation réelle de l'articulateur est entreprise en un second temps.
> En visualisant le travail à effectuer sur l'articulateur, le patient comprend la nécessité d'équilibrer éventuellement les dents naturelles. L'analyse occlusale sur articulateur, qui n'est pas irréversible, permet d'envisager sereinement la réalisation du travail équivalent en bouche à condition qu'il soit raisonnable cliniquement [59].

Analyse du guidage antérieur

Quel que soit le concept occlusal choisi, l'analyse du guidage antérieur intéresse la fonctionnalité des incisives et canines maxillaires quand celles-ci doivent être reconstruites surtout par de la prothèse fixée. Si elles sont fonctionnelles, même partiellement délabrées, leur cinématique est enregistrée. Si leur état de délabrement ne le permet pas, les valeurs des pentes condyliennes et des angles de Bennett servent de support pour définir les pentes incisive et canine [60,61].

TABLE INCISIVE FAÇONNÉE

Quand les dents antérieures à reconstruire sont fonctionnelles, le guidage antérieur est enregistré en confectionnant une table incisive en résine autopolymérisable. Les modèles des arcades dentaires maxillaire et mandibulaire coulés en plâtre synthétique sont montés sur articulateur en intercuspidation maximale. Une feuille de papier en cellulose glissée entre les arcades dentaires en plâtre les protège de l'usure. La tige incisive de l'articulateur est relevée d'un millimètre et vaselinée sur son extrémité. La table incisive est coffrée pour être remplie de résine autopolymérisable. L'articulateur, programmé arbitrairement, est manipulé en propulsion et latéralités, se référant ainsi à la cinématique dento-dentaire antérieure, jusqu'à polymérisation complète de la résine. Le guidage antérieur du patient est alors enregistré sur la table incisive qui accompagne l'articulateur au laboratoire de prothèse pour la réalisation des prothèses provisoires, puis celles d'usage **(fig. 7.14 et 7.15)**.

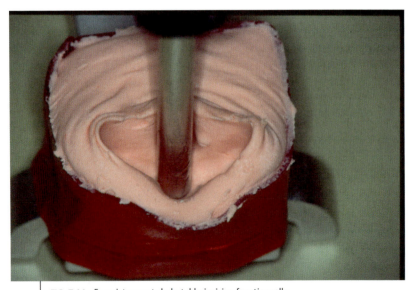

FIG. 7.14 - Enregistrement de la table incisive fonctionnelle.

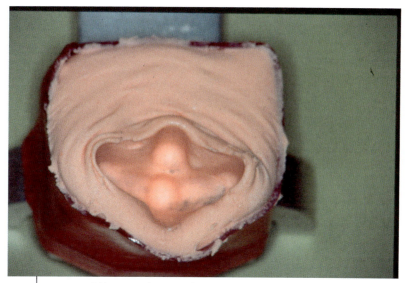

FIG. 7.15 - Table incisive fonctionnelle en résine autopolymérisable.

TABLE INCISIVE PROGRAMMÉE

Pour Slavicek [50], la pente incisive doit être supérieure de 10° à celle de la pente condylienne afin d'assurer une fonction mandibulaire harmonieuse. Pour s'en assurer, la table incisive est réglable dans le plan sagittal. Son inclinaison guide la tige incisive de l'articulateur en propulsion et en latéralités. L'articulateur est programmé réellement afin d'obtenir les véritables valeurs de la pente condylienne. L'inclinaison de la table incisive est de 10° supérieur à la valeur de la pente condylienne quand la table incisive est montée sur la branche supérieure de l'articulateur SAM. Pour le Quick Master, dont la table incisive est agrégée sur la branche inférieure, la valeur de la pente condylienne est majorée de 15° [1] (fig. 7.16).

Les prothèses antérieures provisoires sont réalisées en fonction de ces données angulaires. Quand elles sont bien intégrées tant au niveau esthétique que fonctionnel, il est possible d'enregistrer leur cinématique en réalisant une table incisive façonnée. L'empreinte des reconstitutions provisoires permet le montage de leur modèle en plâtre synthétique sur l'articulateur, supportant déjà le modèle de l'arcade mandibulaire. Comme précédemment, la table incisive en résine est enregistrée dans la résine autopolymérisable pour confectionner la prothèse d'usage [20,21].

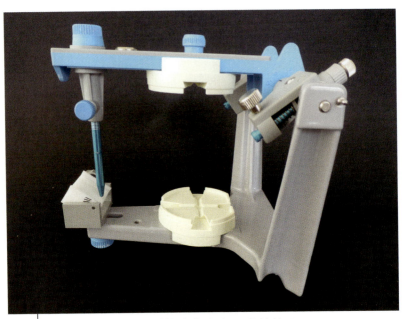

FIG. 7.16 - Table incisive réglable de l'articulateur Quick Master.

> **REMARQUE**
>
> La table incisive programmée est utilisée également en prothèse amovible partielle quand, dans le cas de supraclusie, le remplacement prothétique des dents antérieures nécessite la confection de contreplaques.

> **MÉMENTO**
>
> Avant tout traitement prothétique, l'analyse occlusale est indispensable. En fonction de l'importance du travail à réaliser, elle est effectuée d'emblée en clinique pour les petites reconstitutions. En revanche, quand les reconstructions prothétiques deviennent plus conséquentes, l'analyse occlusale sur articulateur se justifie. Celle-ci permet au praticien de prévoir le travail à entreprendre et au patient de le comprendre.

Analyse occlusale sur articulateur virtuel

Empreinte optique

Le même cas clinique permet de comparer l'analyse occlusale sur l'articulateur conventionnel et l'articulateur virtuel. L'empreinte optique des arcades dentaires maxillaire et mandibulaire ainsi que celle de leur intercuspidation maximale est réalisée à l'aide d'une caméra TRIOS de 3Shape. Le scanner de table Ceramill Map et l'articulateur Artex sont fabriqués par la firme Amann Girrbach.

Montage des modèles virtuels sur l'articulateur virtuel

Le prothésiste reçoit le fichier, il prépare les modèles virtuels des arcades mandibulaire et maxillaire en affinant leur contour (fig. 8.1). Le modèle maxillaire

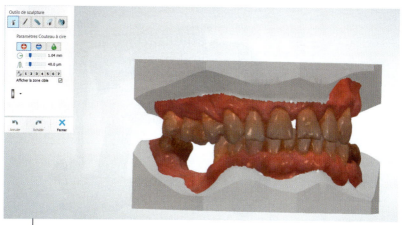

FIG. 8.1 - Modèles virtuels préparés.

virtuel est agrégé sur la branche supérieure de l'articulateur virtuel à l'aide de la cible calibrée virtuelle (fig. 8.2 et 8.3). Son angulation ne répondant pas à celle du plan axio-orbitaire, mais à celle du plan de Camper, on retrouve les mêmes erreurs vues au chapitre 2. Le montage du modèle de l'arcade maxillaire du patient préalablement réalisé à l'aide de l'arc facial (chapitre 7) comparé avec la table de montage montre une erreur conséquente. Dans ce cas bien précis, l'angulation du plan d'occlusion de l'articulateur conventionnel est nettement plus importante, ce qui risque de provoquer des interférences occlusales postérieures sur l'articulateur virtuel (fig. 8.4).

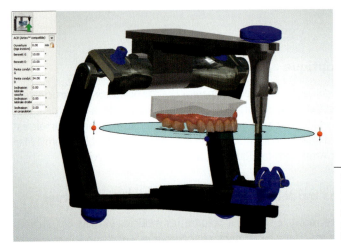

FIG. 8.2 - Arcade maxillaire virtuelle centrée sur la table de montage virtuelle.

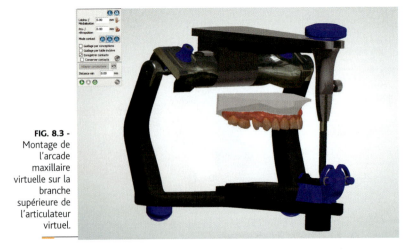

FIG. 8.3 - Montage de l'arcade maxillaire virtuelle sur la branche supérieure de l'articulateur virtuel.

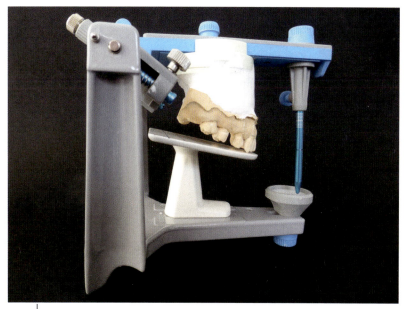

FIG. 8.4 - Mise en évidence de l'erreur faite avec la table de montage.

Le modèle mandibulaire s'intègre ensuite dans l'articulateur virtuel en regard du modèle maxillaire en intercuspidation maximale enregistrée avec le scanner buccal **(fig. 8.5)**.

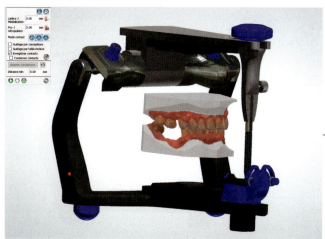

FIG. 8.5 - Montage de l'arcade mandibulaire virtuelle sur la branche inférieure de l'articulateur virtuel.

Analyse du plan d'occlusion virtuel

L'articulateur virtuel n'ayant pas de drapeau, le choix du plan d'occlusion est arbitraire et fait appel au bon sens clinique. Cette approximation prend en compte non seulement son angulation, mais également le maintien du plus grand nombre de dents restantes (fig. 8.6 et 8.7). Ce plan d'occlusion virtuel, ainsi défini, sera le fil directeur pour l'élaboration des prothèses maxillaire et mandibulaire.

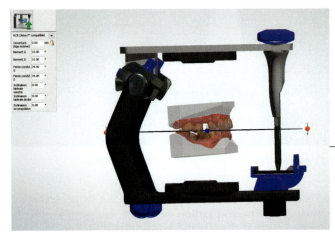

FIG. 8.6 - Choix du plan d'occlusion prothétique sur le modèle mandibulaire virtuel à droite.

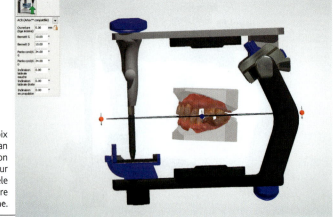

FIG. 8.7 - Choix du plan d'occlusion prothétique sur le modèle mandibulaire virtuel à gauche.

Table incisive virtuelle

L'articulateur virtuel comporte une table incisive réglable qui est programmable (fig. 8.8). Contrairement à l'articulateur conventionnel, il n'est pas possible d'utiliser une table incisive finement façonnée lors de la reconstruction de dents antérieures délabrées, mais fonctionnelles. La solution consiste à incliner la table incisive virtuelle en se basant sur la cinématique des dents antérieures lors des excursions mandibulaires virtuelles.

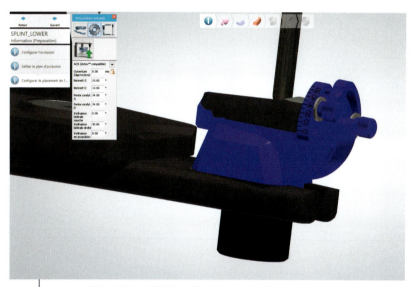

FIG. 8.8 - Table incisive réglable de l'articulateur virtuel.

REMARQUES

L'analyse occlusale sur articulateur virtuel ne demande pas l'emploi de matériaux d'empreinte, ce qui réduit le risque d'erreurs dues à leur polymérisation et à la coulée du plâtre.

Le montage des modèles maxillaire et mandibulaire sur l'articulateur virtuel ne nécessite pas non plus d'emploi de plâtre. C'est un avantage certain pour la rapidité du montage et l'absence de prise en compte de l'expansion du plâtre.

Mais tous ces avantages sont contrecarrés par l'absence de normes occlusales qui demandent un certain sens clinique acquis le plus souvent par l'emploi de l'articulateur traditionnel.

> **MÉMENTO**
>
> Pour permettre l'analyse occlusale sur l'articulateur virtuel, encore faut-il qu'elle puisse être équivalente à celle réalisée sur l'articulateur conventionnel. Pour cela, il est impératif d'analyser la courbe de Spee, de régler le guidage antérieur quand cela s'avère nécessaire et de pouvoir équilibrer les modèles virtuels maxillaire et mandibulaire.

Choix thérapeutiques

Afin de conduire la réflexion et comprendre les choix thérapeutiques, toutes les situations prothétiques envisagées n'ont qu'un seul but : être didactiques en allant de la plus simple à la plus complexe. C'est ainsi que le choix de certains exemples peut sembler aberrant, mais il permet le développement du raisonnement. Pour les situer dans l'espace occlusal, nous divisons chaque arcade dentaire en trois sextants. Le sextant antérieur maxillaire (0) s'étend de la canine droite 13 à la canine gauche 23, le sextant antérieur mandibulaire (0') reprend les mêmes repères canins de 33 à 43, les quatre sextants postérieurs s'étendent de la première prémolaire à la dernière molaire soit pour le sextant (1) de 14 à 17, pour le (2) de 24 à 27, pour le (3) de 34 à 37, pour le (4) de 44 à 47. Les dents de sagesse ne sont pas prises en considération car elles ne font pas partie de l'arsenal prothétique (fig. 9.1).

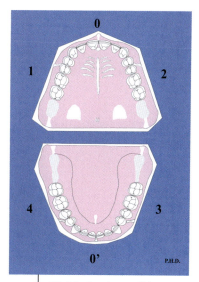

FIG. 9.1 - Arcades maxillaire et mandibulaire divisées en sextants.

Que la prothèse soit élaborée de manière conventionnelle [62-78] ou virtuelle [79,80], le choix thérapeutique est identique. La réflexion prothétique est conditionnée, entre autres, par le nombre de dents à restaurer et/ou absentes, par la présence de dents pulpées ou dépulpées et leurs situations sur les arcades dentaires. Pour ne pas négliger telle ou telle prothèse, nous considérons la prothèse fixée, la prothèse implanto-portée et la prothèse amovible [81-90].

Pour matérialiser les reconstitutions prothétiques sur les différents schémas, nous avons, par convention, représenté :

– les coiffes par :

– les intermédiaires de bridge par :

– les couronnes implanto-portées par :

– les dents du commerce des prothèses amovibles par :

Reconstruction de dents unitaires délabrées

Sur une arcade dentaire complète, la reconstruction de dents délabrées et dépulpées concerne en général la prothèse fixée sous forme de coiffe. Cela permet d'assurer la pérennité des dents intéressées. Le choix de la position mandibulaire, intercuspidation maximale habituelle ou intercuspidation maximale en relation centrée est tributaire du nombre de dents concernées et de leurs positions sur les arcades dentaires.

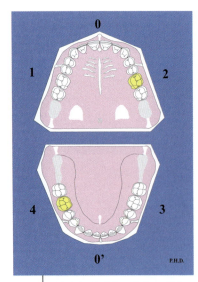

FIG. 9.2 - Prothèses fixées unitaires construites en intercuspidation maximale.

EN INTERCUSPIDATION MAXIMALE HABITUELLE

En fonction de l'importance du délabrement coronaire, la dent est préalablement reconstituée avec un matériau foulé ou collé, ou à l'aide d'une reconstruction à ancrage radiculaire pour assurer la solidité de l'ensemble. Ensuite, la prothèse fixée unitaire en assure la cohésion.

Au laboratoire de prothèse, la confection d'une coiffe unitaire sur les sextants 1, 2, 3, 4 est réalisée sur un occluseur. L'empreinte partielle de la préparation coronaire ainsi que celle de son antagoniste est suffisante quelle que soit la qualité du guidage antérieur, d'autant que dans ce cas le réglage clinique est restreint. En revanche, si les dents unitaires à reconstruire concernent plusieurs sextants et que le guidage antérieur est déficient, l'utilisation d'un articulateur programmé arbitrairement peut être envisagée afin de minimiser les retouches cliniques (fig. 9.2).

REMARQUES

Quand une reconstitution prothétique fixée est envisagée sur une seule incisive supérieure, une empreinte globale permet au prothésiste d'avoir un regard sur la forme à lui donner pour satisfaire l'esthétique de l'ensemble. Le faible réglage éventuel de la propulsion ne nécessite pas le montage des modèles en plâtre sur un articulateur. Pour la canine supérieure, l'ajustement de la latéralité est plus délicat afin de ne pas provoquer d'interférences postérieures lors de son réglage occlusal.

Dans le cas des reconstructions prothétiques fixées des incisives et canines mandibulaires, il suffit de les mettre en contact occlusal avec leurs antagonistes. Les pentes des faces palatines des dents antérieures maxillaires servent de guide aux mouvements de propulsion et de latéralités.

EN INTERCUSPIDATION MAXIMALE EN RELATION CENTRÉE

Les dents délabrées peuvent être en nombre tel que leurs reconstitutions prothétiques unitaires fixées transforment l'intercuspidation maximale naturelle du patient en intercuspidation maximale entièrement prothétique. Les informations dentaires acquises au fil du temps étant en intercuspidation maximale adaptative, la confection de coiffes prothétiques réalisées dans un tel contexte a de fortes chances de rompre cet équilibre précaire. Il est nécessaire de se référer au seul déterminant qui n'est pas pollué par cette succession d'usures dentaires, soit la position condylienne en relation centrée. Les coiffes sont alors construites en intercuspidation maximale en relation

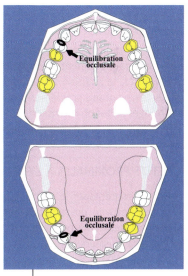

FIG. 9.3 - Prothèses fixées unitaires construites en relation centrée.

centrée sur l'articulateur programmé réellement ou non en fonction de l'efficacité du guidage antérieur.

Un exemple permet de comprendre cette démarche prothétique. Soit 15, 17, 24, 27, 36, 35, 46 délabrées, seules 14 et 44 resteront en occlusion quand toutes les futures dents prothétiques seront préparées. L'analyse occlusale en relation centrée sur l'articulateur met en évidence l'équilibration occlusale de 14 et de 44 pour que leurs contacts s'harmonisent avec ceux des coiffes prothétiques et ceux des dents antérieures. En général, cet ajustage est minime. Le montage sur articulateur permet non seulement d'expliquer au patient pour quelle raison il faut resculpter 14 et 44, mais également il sert à confectionner les couronnes provisoires en iso-moulage à partir de la cire de diagnostic (fig. 9.3).

Édentement partiel encastré de faible étendue

La réflexion s'impose en l'absence d'une seule dent. L'exemple clinique choisi est relativement classique, à savoir le remplacement de la première molaire, la deuxième molaire et la deuxième prémolaire étant présentes sur l'arcade dentaire. Soit l'indication est celle d'un bridge, soit le choix s'oriente vers une couronne implanto-portée.

L'état des dents proximales est déterminant. Si elles sont dépulpées et doivent être couronnées pour assurer leur pérennité, il suffit de leur ajouter une travée de bridge pour que l'espace soit comblé. Le choix d'une prothèse amovible partielle comblant cet édentement n'est donc pas judicieux.

Si les dents proximales sont saines, la solution implantaire est justifiée quand l'état général du patient et/ou les conditions osseuses le permettent. Dans le premier cas, la solution implantaire est réservée en seconde intention pour pallier les éventuels problèmes prothétiques qui pourraient être rencontrés sur ces bridges à plus ou moins long terme. Inversement, le bridge sera de seconde intention en cas d'échec implantaire.

DENTS PROXIMALES À L'ÉDENTEMENT DÉPULPÉES

Afin de matérialiser le cheminement intellectuel prothétique, une progression conceptuelle du remplacement de la première molaire par un bridge prenant la deuxième prémolaire et la deuxième molaire, en tant que piliers, intéressera plusieurs sextants.

Dans l'exemple de la perte d'une incisive centrale, les piliers se rapportent à l'autre incisive centrale et à l'incisive latérale. En fonction de leur nombre et de leur situation, le choix des concepts occluso-prothétiques est différent.

Sur un seul sextant (1, 2, 3, 4), le bridge est construit en intercuspidation maximale habituelle sur occluseur en cas de protection antérieure efficace ou sur articulateur programmé arbitrairement si le guidage antérieur est faible voire inexistant (fig. 9.4). La faible étendue du bridge minimise son réglage clinique.

Sur deux sextants postérieurs en vis-à-vis (1-4 ou 2-3), les bridges sont construits en intercuspidation maximale habituelle sur articulateur programmé arbitrairement, quelle que soit la qualité du guidage antérieur. En effet, le prothésiste pourra se guider sur les sextants controlatéraux où suffisamment de dents non concernées par les bridges aideront à la conception occlusale de ces prothèses (fig. 9.5).

Sur deux sextants bilatéraux d'une même arcade (1-2, 3-4) ou de deux arcades (1-3, 2-4) les bridges façonnent quasiment une nouvelle intercuspidation maximale. Celle-ci sera donc construite en relation centrée sur l'articulateur programmé arbitrairement ou réellement en fonction de la qualité du guidage antérieur. Le patient est informé du choix de la relation centrée et de l'équilibration indispensable des premières prémolaires dont la matérialisation sur le plâtre rassure par sa parcimonie (fig. 9.6 et 9.7).

Le choix du concept occluso-prothétique sera le même que précédemment quand trois sextants postérieurs (1-2-3, 2-3-4, 1-3-4, 1-2-4) voire quatre sextants postérieurs (1-2-3-4) seront concernés par ces bridges (fig. 9.8 et 9.9).

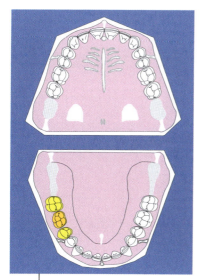

FIG. 9.4 - Bridge de trois éléments.

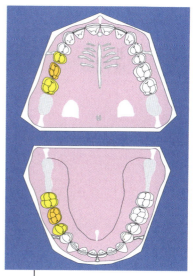

FIG. 9.5 - Bridges de trois éléments en vis-à-vis.

Choix thérapeutiques

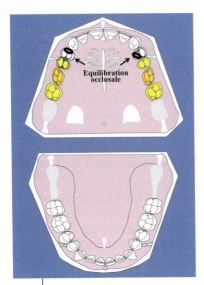

FIG. 9.6 - Bridges de trois éléments bilatéraux sur une même arcade.

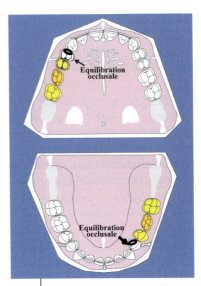

FIG. 9.7 - Bridges de trois éléments bilatéraux sur deux arcades.

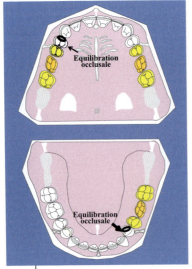

FIG. 9.8 - Bridges de trois éléments bilatéraux sur trois sextants.

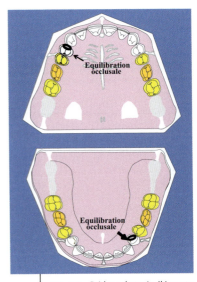

FIG. 9.9 - Bridges de trois éléments bilatéraux sur quatre sextants.

Le bridge antérieur maxillaire de trois éléments, compensant la perte d'une dent, reprend le même cheminement prothétique que celui de l'incisive unitaire. Il est construit en intercuspidation maximale habituelle sur l'articulateur programmé arbitrairement avec l'utilisation d'une table incisive soit façonnée, soit programmée (fig. 9.10). En revanche, pour la même situation clinique à la mandibule, la faiblesse biomécanique des incisives inférieures rend aléatoire une telle conception. Le choix thérapeutique s'oriente vers une couronne implanto-portée entourée de deux couronnes unitaires classiques.

Dans ce cas, il n'est pas nécessaire d'enregistrer une table incisive, le versant palatin des incisives et canines antagonistes induit le guidage.

Ces mêmes bridges de trois éléments remplaçant la première molaire concernent maintenant plusieurs sextants dont au moins l'un d'entre eux est antérieur. Selon leurs dispositions, le choix du concept occluso-prothétique est différent :

– le sextant antérieur peut être intéressé conjointement à l'un des sextants postérieurs soit l'agencement suivant : 1-0, 2-0, 3-0, 4-0. Le montage sera réalisé en intercuspidation maximale sur un articulateur programmé arbitrairement ou réellement, en fonction de la qualité du guidage antérieur original. La table incisive sera donc soit façonnée, soit programmée (fig. 9.11) ;

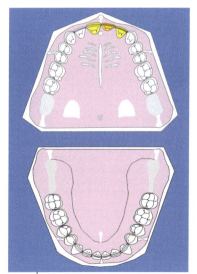

FIG. **9.10** - Bridge antérieur maxillaire de trois éléments.

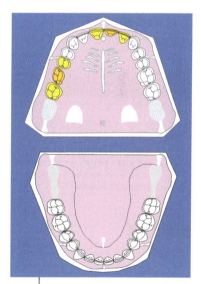

FIG. **9.11** - Bridge postérieur de trois éléments associé à un bridge antérieur maxillaire de trois éléments en vis-à-vis.

Choix thérapeutiques

- sur deux sextants postérieurs en vis-à-vis associés à un sextant antérieur soit : 1-0-4, 2-0-3, la table incisive est façonnée ou programmée. La présence de dents naturelles sur les sextants controlatéraux pose le problème du choix éventuel de la relation centrée avec le protocole d'équilibration des dents non intéressées par la prothèse après étude occlusale sur articulateur (fig. 9.12) ;
- lorsque deux sextants postérieurs bilatéraux maxillaires sont associés à un sextant antérieur soit : 1-0-2, l'intercuspidation maximale devient pratiquement prothétique. Le choix du concept occlusal est donc la relation centrée. Comme précédemment, celle-ci impose l'analyse occlusale sur articulateur des dents non intéressées par la prothèse. La table incisive est indispensable. Elle est soit programmée, soit façonnée (fig. 9.13).

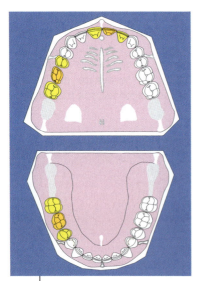

FIG. 9.12 - Bridges de trois éléments en vis-à-vis associés à un bridge antérieur maxillaire.

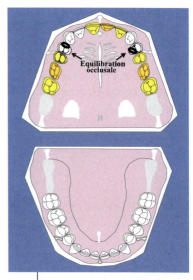

FIG. 9.13 - Bridges de trois éléments bilatéraux associés à un bridge maxillaire antérieur de trois éléments sur une même arcade.

REMARQUE

La confection des bridges en vis-à-vis ne doit pas être simultanée. Cette façon de faire crée en général des interférences occlusales conséquentes. Il est préférable, en un premier temps, de réaliser le bridge mandibulaire, puis de le fixer en clinique avant d'envisager, en un second temps, l'élaboration du bridge maxillaire.

CHAPITRE 9

DENTS PROXIMALES À L'ÉDENTEMENT PULPÉES

Le choix thérapeutique prothétique compensant la perte d'une seule dent sur une seule arcade dentaire, dont les dents proximales à l'édentement sont pulpées et saines, est généralement la prothèse fixée implanto-portée. Avec les progrès des techniques implantaires, la réalisation de bridges sur dents vivantes n'a plus de raison d'être comme ce fut le cas à une certaine époque. La réalisation de la prothèse implanto-portée remplaçant une dent manquante ne pose pas de problèmes particuliers. Les contre-indications sont minimes. Le site osseux est en général satisfaisant. Au maxillaire, l'os alvéolaire ne se résorbe pas au point de permettre au sinus de s'étendre dans cet étroit espace édenté. Quant au nerf alvéolaire inférieur, la présence des dents proximales à l'édentement est la garantie du maintien du volume osseux. Les risques de collision sont véritablement présents lorsque le site implantaire côtoie le trou mentonnier. Les contre-indications les plus courantes sont le mauvais état général du patient, une infection parodontale étendue, l'étroitesse vestibulo-linguale de la crête osseuse provoquée par une extraction difficile, occasionnant un délabrement osseux au niveau de la dent manquante. Dans ce cas, une greffe osseuse peut être envisagée.

Une étude de la radiographie panoramique suffit dans la plupart des cas. Quand la situation anatomique est délicate, l'analyse de l'image du cone beam est nécessaire. Elle donne avec exactitude le volume tridimensionnel osseux indispensable pour garantir le succès thérapeutique. D'autant que sur le plan médico-légal, un certain nombre d'experts recommandent la réalisation d'une radiographie tomodensitométrique.

La prothèse fixée unitaire implanto-portée s'intègre dans l'intercuspidation maximale habituelle et ne nécessite pas l'emploi d'articulateur pour sa conception occlusale. Un simple occluseur est largement suffisant.

Il en est de même pour le remplacement des incisives centrales maxillaires ou mandibulaires. La vue d'ensemble des dents antérieures maxillaires permet au prothésiste d'intégrer la couronne implanto-portée dans la cinématique antérieure. Pour le remplacement de l'incisive

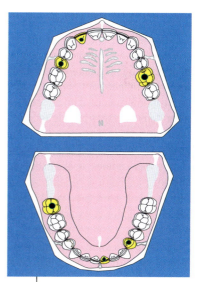

FIG. 9.14 - Couronnes implanto-portées intéressant chacun des sextants.

centrale mandibulaire, la fonction antérieure est assurée par l'autre incisive centrale, les incisives latérales et les canines.

Quand la perte d'une seule dent intéresse plusieurs sextants, avec un nombre suffisant de dents proximales à l'édentement, la réalisation de la prothèse fixée implanto-portée se fait en intercuspidation maximale sur un articulateur. Son emploi permet de minimiser les retouches cliniques. Il est programmé arbitrairement en cas de protection antérieure efficace ou programmé réellement dans le cas contraire (fig. 9.14).

REMARQUE

Dans un contexte socio-économique défavorable, une prothèse amovible partielle remplaçant une seule dent manquante et s'intégrant dans l'intercuspidation maximale habituelle peut être proposée. Elle se conçoit pour le remplacement d'une dent antérieure afin de réduire le préjudice esthétique de la perte de cette dent. Cette prothèse amovible partielle d'une dent est souvent une solution esthétique temporaire mise en place pendant le temps nécessaire à l'ostéo-intégration d'une racine artificielle implantée. Pour une telle prothèse, l'emploi de l'occluseur suffit largement, sa faible étendue l'y autorise, d'autant que son amovibilité facilite les rectifications cliniques éventuelles.

Édentement partiel encastré de grande étendue

L'édentement encastré est d'une étendue plus importante. La zone édentée couvre maintenant deux dents. L'exemple clinique choisi est le remplacement de la deuxième prémolaire et la première molaire, la deuxième molaire et la première prémolaire sont présentes sur l'arcade dentaire. Cette configuration est la limite biomécanique d'un bridge supporté par deux piliers. Il est scabreux d'imaginer deux ancrages pour le remplacement de plus de deux dents manquantes. Pour le sextant maxillaire antérieur (0), les deux incisives centrales sont absentes, la faiblesse des incisives latérales dépulpées impose la prise en charge des canines si elles sont dépulpées, ce qui représente la totalité du sextant maxillaire antérieur dans la réalisation d'un bridge.

Pour pouvoir comparer la démarche prothétique entre la prothèse fixée sur dents dépulpées et la prothèse implanto-portée, quand les dents adjacentes sont pulpées, nous considérons la perte de deux dents sur un même cadran. Dans la progression intellectuelle, l'absence de deux dents n'aurait aucun intérêt en prothèse amovible partielle. C'est pourquoi nous envisageons la perte de trois dents sur les différents sextants.

Sur les sextants 0 et 0', la perte de toutes les dents permettra une réflexion plus soutenue quant à la démarche prothétique à adopter.

> **REMARQUE**
>
> L'étendue de la zone édentée provoque souvent l'extrusion des dents antagonistes qui ne sont plus soutenues par l'absence de contacts dentaires. En fonction de son ancienneté, ce mouvement descendant ou ascendant est plus ou moins important. Il nécessite l'analyse du plan d'occlusion à l'aide du drapeau. Les dents antagonistes sont soit ajustées, soit dépulpées et couronnées si leur extrusion est conséquente, voire extraites dans les cas extrêmes.

DENTS PROXIMALES À L'ÉDENTEMENT DÉPULPÉES

Compte tenu du nombre plus important de dents absentes, la topographie de l'édentement conditionne le choix du concept occluso-prothétique.

La reconstruction prothétique devient plus importante et intéresse maintenant au moins un sextant complet. Ces bridges seront alors élaborés soit en intercuspidation maximale habituelle, soit en relation centrée sur un articulateur semi-adaptable programmé arbitrairement ou réellement supportant éventuellement une table incisive façonnée ou programmée. Comme précédemment, le but de ces exemples virtuels est de permettre la compréhension de la progression prothétique réflective.

> **REMARQUE**
>
> Sur le sextant 0', en absence des deux incisives centrales, la faiblesse biomécanique des incisives latérales ne permet pas de les choisir comme piliers de bridge pour compenser l'espace édenté, sauf si les canines sont dépulpées afin d'être comprises dans le bridge. Dans le cas contraire, le choix s'oriente soit vers une prothèse implanto-portée, soit vers une prothèse amovible partielle. Dans tous les cas, il n'est pas nécessaire d'enregistrer une table incisive, le versant palatin des incisives et canines antagonistes induit le guidage.

– Si un seul sextant postérieur (1, 2, 3, 4) est concerné par la prothèse, le montage du bridge sera réalisé en intercuspidation maximale habituelle sur un articulateur semi-adaptable programmé arbitrairement, quelle que soit la qualité du guidage antérieur. La référence aux contacts occlusaux et à la cinématique des autres dents des arcades maxillaire et mandibulaire aide l'élaboration prothétique au laboratoire de prothèses **(fig. 9.15)**.
– En première intention, les bridges intéressant la totalité de deux sextants postérieurs en vis-à-vis (1-4, 2-3) sont réalisés, comme précédemment, en

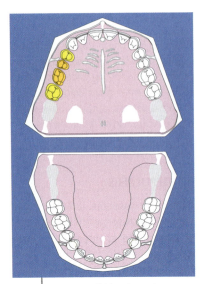 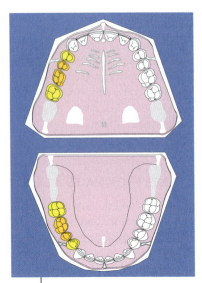

FIG. 9.15 - Bridge de quatre éléments intéressant un seul sextant.

FIG. 9.16 - Bridges de quatre éléments intéressant deux sextants latéraux en vis-à-vis.

intercuspidation maximale habituelle sur un articulateur programmé arbitrairement. Mais, étant donné l'étendue de la prothèse, sa conception en relation centrée se justifie. Cela suppose que les dents controlatérales non concernées par la prothèse soient équilibrées. L'analyse occlusale sur articulateur permet de matérialiser l'ampleur de leur ajustage occlusal. En général, il est réalisable sans porter atteinte à la vitalité des dents intéressées. D'autant que celles-ci peuvent éventuellement supporter des reconstitutions coronaires de dentisterie qu'il faille resculpter. L'acte n'est donc pas iatrogène. Si cela n'est pas le cas, les bridges seront confectionnés en intercuspidation maximale habituelle. Lors de l'essayage de la prothèse, cette démarche demandera un contrôle plus soutenu afin que les dents non concernées par les prothèses soient en harmonie occlusale avec les dents prothétiques (fig. 9.16).
– À partir de deux sextants bilatéraux (1-2, 3-4, 1-3, 2-4) allant jusqu'à trois (1-2-3, 2-3-4, 1-3-4, 1-2-4) voire quatre (1-2-3-4), les bridges intéressant l'intégralité de ces sextants induisent donc une nouvelle intercuspidation maximale prothétique. N'ayant plus de références dentaires naturelles, à part la présence des incisives et des canines qui guident le praticien dans la détermination de la dimension verticale d'occlusion, ils seront construits en relation centrée sur un articulateur soit programmé arbitrairement, si le guidage antérieur est efficace, soit programmé réellement, si ce n'est pas le cas (fig. 9.17 et 9.18).

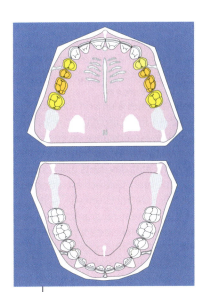

FIG. 9.17 - Bridges de quatre éléments intéressant deux sextants bilatéraux d'une même arcade.

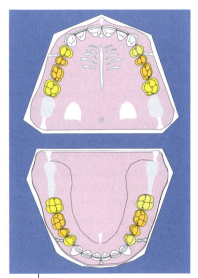

FIG. 9.18 - Bridges de quatre éléments intéressant les quatre sextants latéraux.

– Un bridge intéressant la totalité des sextants 0 ou 0' sera construit en intercuspidation maximale. Pour le sextant 0, si les futures dents piliers sont encore fonctionnelles et en nombre suffisamment important pour que leur cinématique soit enregistrée, l'articulateur est programmé arbitrairement et sa table incisive est façonnée en résine autopolymérisable. Sinon, la dégradation des dents maxillaires antérieures risquant de fausser la véracité du guidage incisivo-canin impose la programmation des déterminants postérieurs de l'articulateur ainsi que celle de sa table incisive (fig. 9.19). Pour le bridge sur le sextant 0', le contact occlusal avec les dents maxillaires antagonistes est suffisant. La table incisive est inutile.

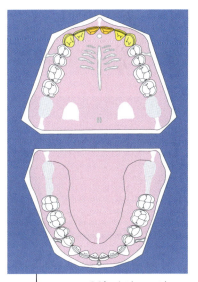

FIG. 9.19 - Bridge intéressant le sextant maxillaire antérieur.

- Le sextant antérieur maxillaire peut être à reconstruire avec l'un des sextants postérieurs (1-0, 2-0, 3-0, 4-0). Le montage sera réalisé en intercuspidation maximale sur un articulateur programmé arbitrairement ou réellement en fonction de la qualité du guidage antérieur original. La table incisive sera ainsi soit façonnée, soit programmée (fig. 9.20).
- Deux sextants postérieurs antagonistes sont associés à un sextant antérieur (1-0-4, 2-0-3), les bridges seront construits en intercuspidation maximale habituelle ou en relation centrée en fonction de l'importance de l'équilibration des dents non concernées par la prothèse. Comme dans le cas du bridge maxillaire intéressant tout le sextant antérieur, l'état des dents piliers conditionne la programmation ou non de l'articulateur. Celui-ci est donc soit programmé arbitrairement avec une table incisive fonctionnelle, soit programmé réellement avec une table incisive également programmée (fig. 9.21).
- Quand la reconstruction prothétique intéresse deux sextants postérieurs bilatéraux associés à un sextant antérieur (1-0-2), l'intercuspidation maximale devient entièrement prothétique. Le choix du concept occlusal est la relation centrée. L'articulateur est soit programmé arbitrairement avec une table incisive fonctionnelle, soit programmé réellement avec une table incisive programmée (fig. 9.22).

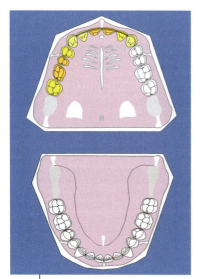

FIG. 9.20 - Bridges du sextant maxillaire antérieur associé à un bridge de quatre éléments intéressant un sextant postérieur.

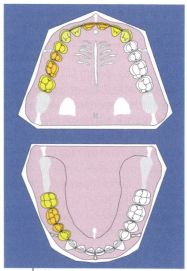

FIG. 9.21 - Bridges de quatre éléments sur deux sextants postérieurs antagonistes associés à un bridge intéressant un sextant antérieur.

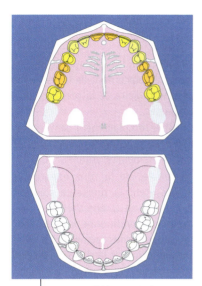

FIG. 9.22 - Bridges sur trois sextants maxillaires.

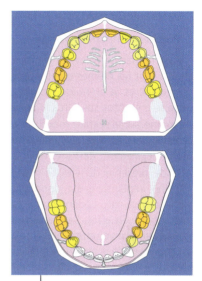

FIG. 9.23 - Bridges intéressant les quatre sextants postérieurs associés à un bridge antérieur sur le sextant maxillaire.

— Le délabrement peut être plus important et concerner la quasi-totalité des arcades dentaires maxillaire et mandibulaire. Pour rester dans la réflexion de la progression thérapeutique prothétique fixée, sont considérés maintenant la réfection de la totalité des sextants maxillaires et des deux sextants mandibulaires postérieurs (1-0-2-3-4). L'intercuspidation maximale entièrement prothétique impose la confection des prothèses en relation centrée. L'existence préalable du guidage antérieur autorise l'utilisation de l'articulateur semi-adaptable programmé arbitrairement avec une table incisive façonnée. Si la protection antérieure est inefficace, les déterminants postérieurs de l'articulateur sont programmés ainsi que sa table incisive **(fig. 9.23)**.

REMARQUE

Les bridges en vis-à-vis ne se construisent pas simultanément. Les reconstructions prothétiques mandibulaires précèdent la confection des prothèses maxillaires.

DENTS PROXIMALES À L'ÉDENTEMENT PULPÉES

Prothèse implanto-portée

Pour ne pas perturber le cheminement intellectuel, les exemples cliniques choisis sont les mêmes que précédemment : le remplacement de la deuxième prémolaire et la première molaire, la deuxième molaire et la première prémolaire présentes sur l'arcade dentaire sont saines.

De même, sur le sextant maxillaire antérieur (0), le remplacement des incisives centrales est associé aux différents exemples. La prothèse implanto-portée permet également de s'intéresser au sextant mandibulaire antérieur (0').

Afin de préserver la vitalité des dents proximales de la zone édentée, la solution implantaire est donc choisie comme étant la meilleure solution. L'importance de l'édentement complique l'analyse préprothétique préimplantaire. En effet, l'ancienneté des extractions conditionne la qualité du site osseux. Le volume d'os nécessaire pour supporter les racines artificielles est tributaire de la procidence du sinus maxillaire et/ou de la situation du nerf alvéolaire inférieur. Le choix thérapeutique dépend de l'analyse radiographique. Un premier aperçu sur une radiographie panoramique permet de situer la complexité du travail à réaliser.

L'étendue de la réalisation prothétique demande bien souvent la confection du guide radiologique validant ou non son utilisation en guide chirurgical. Celui-ci est confectionné à partir d'une réplique en plâtre de la cire de diagnostic réalisée sur les modèles montés sur articulateur programmé ou non, en intercuspidation maximale ou en relation centrée. Ce guide permet d'implanter à l'endroit déterminé par la conception prothétique. Il évite ainsi de ne pas avoir la surprise de réaliser une coiffe implanto-portée en regard, par exemple, de l'embrasure de deux dents antagonistes. L'analyse au cone beam permet d'apprécier, dans les trois plans de l'espace, le volume osseux dont dispose le praticien. Dans les cas favorables, celui-ci choisit le diamètre, la longueur et le nombre des implants à poser. Dans les cas défavorables, une augmentation osseuse est exécutée préalablement [91-93].

REMARQUE

Il est fortement déconseillé de réaliser un bridge « mixte » comprenant un pilier implanto-porté et un pilier sur dent naturelle. L'absence de ligaments parodontaux du pilier implanto-porté, interdisant toute résilience osseuse, porterait préjudice à la dent naturelle.

– Si un seul sextant postérieur (1, 2, 3, 4) est concerné par la prothèse implanto-portée, celle-ci est réalisée en intercuspidation maximale habi-

tuelle sur un articulateur semi-adaptable programmé arbitrairement quelle que soit la qualité du guidage antérieur. La référence aux contacts occlusaux et à la cinématique des autres dents des arcades maxillaire et mandibulaire aide l'élaboration prothétique au laboratoire de prothèses (fig. 9.24).
- Les sextants intéressés en vis-à-vis (1-4, 2-3) sont réalisés, comme précédemment, en intercuspidation maximale habituelle sur un articulateur programmé arbitrairement (fig. 9.25).

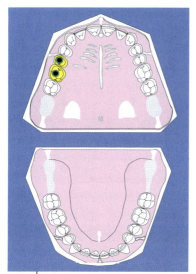

FIG. 9.24 - Couronnes implanto-portées intéressant un seul sextant.

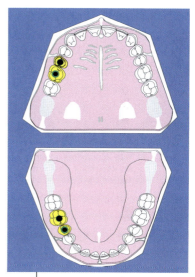

FIG. 9.25 - Couronnes implanto-portées intéressant deux sextants latéraux en vis-à-vis.

- À partir de deux sextants bilatéraux (1-2, 3-4, 1-3, 2-4) allant jusqu'à trois (1-2-3, 2-3-4, 1-3-4, 1-2-4) voire quatre (1-2-3-4), les références dentaires naturelles ne reposent que sur quelques dents postérieures. Une analyse occlusale sur articulateur programmé arbitrairement ou réellement, en fonction du guidage antérieur, peut s'avérer nécessaire pour s'assurer que la courbe de Spee est respectée. Devant le peu de dents naturelles non intéressées par la prothèse, cette analyse peut déterminer le choix soit de l'intercuspidation maximale habituelle, soit de la relation centrée, surtout quand il s'agit des quatre sextants (fig. 9.26 et 9.27).

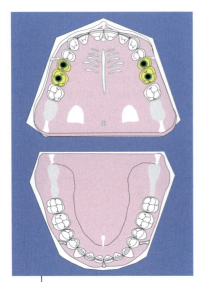

FIG. 9.26 - Couronnes implanto-portées intéressant deux sextants bilatéraux d'une même arcade.

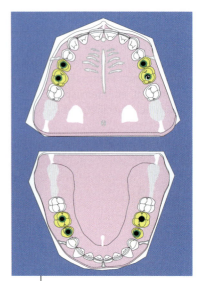

FIG. 9.27 - Couronnes implanto-portées intéressant les quatre sextants latéraux.

REMARQUE

Pour faciliter le réglage occlusal, il est préférable de réaliser les couronnes implanto-portées mandibulaires avant les couronnes implanto-portées maxillaires.

Le remplacement de deux incisives centrales maxillaires et mandibulaires n'apporterait rien dans la réflexion prothétique qui ressemblerait à celle d'une seule dent manquante. C'est pour cette raison que nous envisagerons la perte de toutes les dents des sextants 0 et 0' qui permettra une réflexion plus soutenue quant à la démarche prothétique à adopter.

- Pour la reconstitution du sextant maxillaire antérieur (0), le montage se fait en intercuspidation habituelle sur l'articulateur. L'absence de référence antérieure oblige le réglage de la table incisive de l'articulateur programmé réellement. Une prothèse partielle amovible sert de guide radiologique et chirurgical (fig. 9.28).
- Pour le sextant mandibulaire antérieur (0'), le guidage étant déterminé par les versants palatins des incisives et des canines, l'articulateur programmé arbitrairement suffira pour la réalisation de la prothèse implanto-portée. Une prothèse partielle amovible sert de guide radiologique et chirurgical (fig. 9.29).

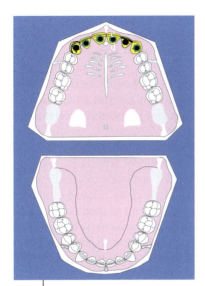

FIG. 9.28 - Couronnes implanto-portées intéressant le sextant maxillaire antérieur.

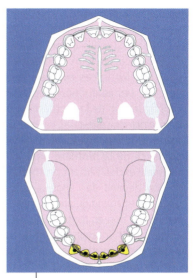

FIG. 9.29 - Couronnes implanto-portées intéressant le sextant mandibulaire antérieur.

– Dans le cas d'édentement des deux sextants O et O', l'absence de référence antérieure oblige le réglage de la table incisive de l'articulateur programmé réellement. Les prothèses partielles amovibles servent de guide radiologique et chirurgical. Les prothèses implanto-portées maxillaires sont réalisées avant celles de la mandibule afin de respecter le guidage antérieur (fig. 9.30).

Prothèse amovible partielle

Si la solution implantaire est impossible à réaliser pour des raisons d'ordre général, anatomiques ou économiques, la prothèse amovible partielle métallique peut représenter la solution de choix dans ce cas d'édentement partiel encastré de grande

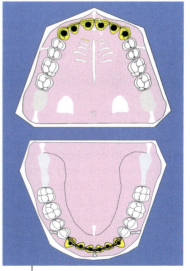

FIG. 9.30 - Couronnes implanto-portées intéressant les sextants maxillaire et mandibulaire antérieurs.

étendue. Son élaboration doit être conforme aux critères de conception pour ne pas compromettre la solidité et le soutien parodontal des dents supportant les crochets. Si celles-ci sont dépulpées, la confection de la prothèse amovible partielle nécessite leurs reconstitutions coronaires sous forme de coiffes pour éviter que les forces exercées conduisent à la fracture de leurs couronnes dentaires. Les couronnes supports de crochets sont conçues en fonction de la configuration de la prothèse amovible. Elles sont réalisées et scellées avant l'empreinte de celle-ci.

Quand le nombre des dents dépulpées à couronner et celui des dents du commerce de la prothèse amovible partielle induisent une intercuspidation maximale exclusivement prothétique, le choix est la relation centrée. Sinon, la décision dépend de l'analyse occlusale des modèles en plâtre des arcades maxillaire et mandibulaire montés sur l'articulateur en relation centrée, programmé ou non en fonction de la qualité du guidage antérieur. L'équilibration des dents non intéressées par la prothèse ne peut être entreprise que si leur ajustage est raisonnable. Les contacts des dents naturelles, des couronnes supports de crochets et des dents du commerce de la prothèse amovible partielle se réalisent simultanément en relation centrée. Les forces occlusales exercées conjointement sur cet ensemble hétérogène ne compromettent pas la pérennité des dents naturelles et des dents prothétiques fixées et amovibles. En revanche, la présence de dents naturelles non concernées par la prothèse, en nombre suffisant pour maintenir une position mandibulaire stable, peut orienter le choix vers la position d'intercuspidation maximale habituelle.

REMARQUE

En fonction de l'ancienneté des extractions, l'extrusion des dents antagonistes perturbe le plan d'occlusion, ce qui nécessite son analyse sur articulateur à l'aide de la technique du drapeau.

Comme annoncé précédemment, l'étude évolutive de l'édentement de trois dents sur un ou plusieurs sextants permet de se familiariser avec le cheminement intellectuel du choix du concept occluso-prothétique en prothèse amovible partielle. Tout en ayant présent à l'esprit que contrairement à la prothèse fixée, les dents du commerce peuvent être aménagées ou modifiées sans difficultés excessives lors de l'essayage de la prothèse amovible en clinique. De la précision de ce réglage dépend la pérennité des dents supports de crochets. De même, les tissus de soutien ne doivent pas subir de pressions excessives entraînant des blessures et/ou une fonte osseuse prématurée.

La prothèse amovible partielle est préférentiellement métallique, sinon elle est en résine.

- La prothèse amovible partielle compense la perte de trois dents encastrées sur un seul sextant postérieur (1, 2, 3, 4). Elle sera construite en intercuspidation maximale habituelle sur occluseur quelle que soit l'aptitude du guidage antérieur, d'autant que le réglage clinique d'une telle prothèse est aisé (fig. 9.31).
- Le même édentement encastré concerne maintenant deux sextants postérieurs en vis-à-vis (1-4 ou 2-3). La prothèse amovible partielle est réalisée en intercuspidation maximale habituelle sur occluseur dans les mêmes conditions que précédemment (fig. 9.32).

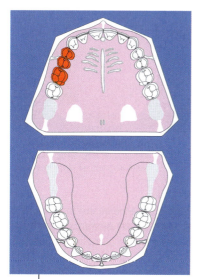

FIG. 9.31 - Prothèse amovible partielle encastrée de trois dents.

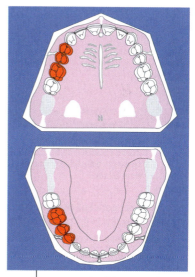

FIG. 9.32 - Prothèses amovibles partielles encastrées de trois dents en vis-à-vis.

- Quand deux sextants bilatéraux, sur la même arcade (1-2, 3-4) ou non (1-3, 2-4), sont concernés, il ne reste que les dernières molaires et les dents antérieures en contact. La réalisation prothétique peut se faire soit en intercuspidation maximale habituelle basée sur celle de ces dernières molaires, soit en relation centrée, surtout si les dents du commerce sont en porcelaine. Le choix est tributaire de l'importance de l'ajustage des dents postérieures, les dents antérieures en sont généralement exclues. L'articulateur sera programmé arbitrairement, même si le guidage antérieur est déficient, car le prothésiste peut se baser sur les dents restantes pour construire l'occlusion prothétique, d'autant que l'ajustage occlusal d'une prothèse amovible partielle ne présente pas de difficultés particulières en clinique (fig. 9.33 et 9.34).

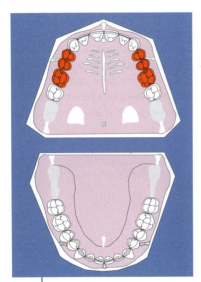
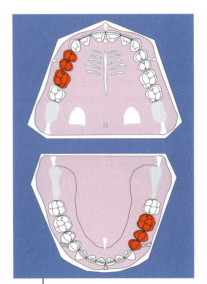

FIG. 9.33 - Prothèse amovible partielle encastrée de trois dents intéressant deux sextants sur la même arcade.

FIG. 9.34 - Prothèses amovibles partielles de trois dents encastrées bilatéralement sur deux arcades.

- Le choix du concept occluso-prothétique sera le même quand trois sextants postérieurs (1-2-3, 2-3-4, 1-3-4, 1-2-4) voire quatre sextants postérieurs (1-2-3-4) seront concernés par la prothèse amovible partielle. En fonction de l'analyse occlusale et de l'importance de l'équilibration des dents naturelles, la réalisation prothétique est conçue soit en relation centrée, soit en intercuspidation maximale habituelle. Sans protection antérieure, l'articulateur ne sera programmé réellement que si les dents prothétiques sont en porcelaine car leur dureté ne permet pas une « auto-équilibration temporelle ». C'est encore plus manifeste quand les quatre sextants postérieurs sont concernés simultanément par la prothèse (fig. 9.35 et 9.36).
- Les prothèses amovibles partielles de trois dents intéressant le sextant antérieur maxillaire (0) ou le sextant antérieur mandibulaire (0') ou les deux à la fois sont construites en intercuspidation maximale habituelle sur occluseur, car la possibilité de démontage des dents du commerce lors de l'essayage permet de prendre quelques libertés. En revanche, quand le recouvrement incisif impose la confection de dents contreplaquées, l'articulateur semi-adaptable programmé arbitrairement est utilisé (fig. 9.37, 9.38 et 9.39).
- Le sextant antérieur maxillaire peut être intéressé conjointement à l'un ou aux deux sextants postérieurs (1-0, 2-0, 3-0, 4-0, 1-0-4, 2-0-3). Le montage peut être réalisé en intercuspidation maximale habituelle sur un

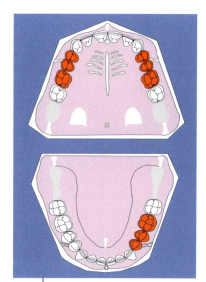

FIG. 9.35 - Prothèse amovible partielle encastrée de trois dents intéressant deux sextants postérieurs maxillaires associée à une prothèse amovible partielle encastrée de trois dents sur un sextant mandibulaire.

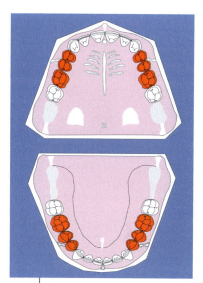

FIG. 9.36 - Prothèses amovibles partielles encastrées de trois dents bilatéralement intéressant les deux arcades dentaires.

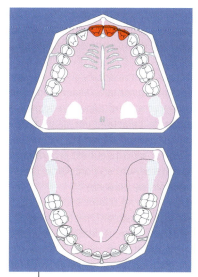

FIG. 9.37 - Prothèse amovible partielle maxillaire antérieure de trois dents.

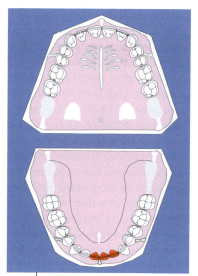

FIG. 9.38 - Prothèse amovible partielle mandibulaire antérieure de trois dents.

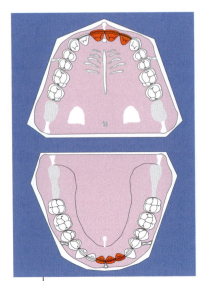

FIG. 9.39 - Prothèses amovibles partielles maxillaire et mandibulaire antérieures de trois dents.

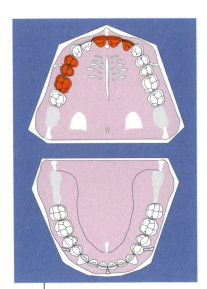

FIG. 9.40 - Prothèse amovible partielle maxillaire encastrée de trois dents intéressant un sextant postérieur et antérieur.

occluseur, compte tenu des modifications qui peuvent être apportées lors de l'essayage, ou mieux sur un articulateur programmé arbitrairement en cas de supraclusie qui nécessite la confection de dents contreplaquées plus difficile à régler (fig. 9.40 et 9.41).

— Lorsque deux sextants postérieurs bilatéraux sont associés à un sextant antérieur (1-0-2 et 3-0'-4), l'intercuspidation maximale devient presque prothétique. Le choix du concept occluso-prothétique dépend encore de l'analyse occlusale. En fonction de l'étendue de l'ajustage des dents naturelles, le montage est réalisé soit en intercuspidation maximale habituelle, soit en relation centrée. Quel que soit ce choix, l'articulateur est programmé arbitrairement sauf quand les dents du commerce sont en porcelaine, ce qui nécessite la programmation de la table incisive (fig. 9.42 et 9.43).

— L'édentement intéressant six sextants (1-0-2-3-0'-4) rejoint les remarques précédentes. L'intercuspidation maximale est quasiment prothétique. En fonction de l'analyse occlusale, le choix est soit l'intercuspidation maximale habituelle, soit la relation centrée. Le peu de dents à équilibrer fait plutôt choisir la deuxième solution. L'articulateur est programmé arbitrairement si les dents du commerce sont en résine, et réellement si elles sont en porcelaine (fig. 9.44).

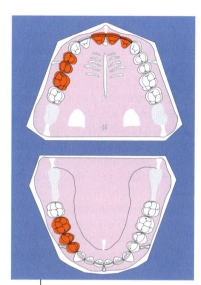

FIG. 9.41 - Prothèse amovible partielle maxillaire de trois dents intéressant un sextant postérieur et antérieur associée à une prothèse partielle mandibulaire postérieure de trois dents en vis-à-vis.

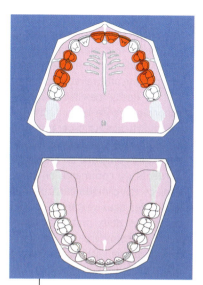

FIG. 9.42 - Prothèse amovible partielle mandibulaire de trois dents intéressant deux sextants latéraux associés à un sextant maxillaire antérieur de trois dents.

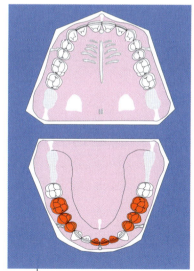

FIG. 9.43 - Prothèse amovible partielle mandibulaire de trois dents intéressant deux sextants latéraux associés à un sextant mandibulaire antérieur de trois dents.

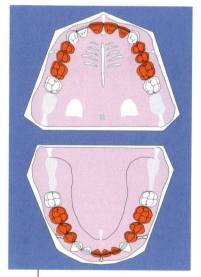

FIG. 9.44 - Prothèses amovibles partielles maxillaire et mandibulaire de trois dents intéressant deux sextants latéraux associés aux deux sextants antérieurs de trois dents.

– Les prothèses amovibles partielles intéressant l'intégralité des sextants antérieurs soit maxillaire (0) soit mandibulaire (0') sont construites en intercuspidation maximale habituelle sur l'articulateur semi-adaptable programmé arbitrairement. Lors d'un recouvrement incisif nécessitant l'emploi de dents maxillaires contreplaquées, une attention particulière sera apportée lors de la confection de la prothèse maxillaire qui sera réalisée sur un articulateur programmé réellement avec sa table incisive également programmée. Ce n'est pas le cas de la prothèse mandibulaire qui ne nécessitera que l'emploi d'un articulateur programmé arbitrairement. L'utilisation de dents du commerce en porcelaine est particulièrement recommandée dans ce cas clinique particulier (fig. 9.45 et 9.46).
– Quand les deux sextants 0 et 0' sont concernés en même temps, l'antagonisme des deux prothèses amovibles partielles facilite l'agencement des dents du commerce lors du montage au laboratoire de prothèse. En effet, sans perturber l'esthétique, il est possible de modifier la position de ces dents afin d'atténuer un recouvrement incisif conséquent. Dans ce cas, l'articulateur programmé arbitrairement suffit. Si ce n'est pas réalisable, la confection de dents contreplaquées maxillaires est nécessaire. Ces prothèses sont également réalisées en intercuspidation maximale habituelle sur un articulateur programmé réellement avec sa table incisive programmée. Le choix des dents

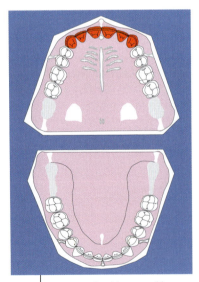

FIG. 9.45 - Prothèse amovible partielle maxillaire intéressant le sextant antérieur.

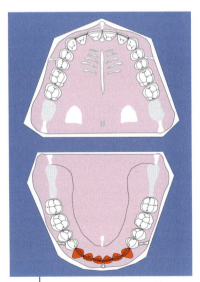

FIG. 9.46 - Prothèse amovible partielle mandibulaire intéressant le sextant antérieur.

maxillaires contreplaquées impose le montage de dents mandibulaires en porcelaine afin d'éviter leur usure prématurée (fig. 9.47).

Édentement partiel avec selles libres

L'édentement partiel avec selles libres peut intéresser une, deux, trois ou quatre selles libres, soit classes I et II de Kennedy maxillaire et/ou mandibulaire. Quel que soit leur nombre, le choix thérapeutique est conditionné par l'analyse occlusale sur articulateur des moulages maxillaire et mandibulaire en plâtre. Pour réaliser le montage sur articulateur, une base d'occlusion en stent's est confectionnée pour compenser l'espace laissé par les dents manquantes. Cette base d'occlusion permet le réglage de la dimension verticale d'occlusion, l'enregistrement de la position mandibulaire en intercuspidation maximale ou en relation centrée selon le type d'édentement et l'analyse de la courbe de Spee.

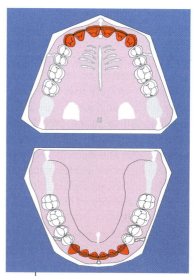

FIG. 9.47 - Prothèses amovibles partielles maxillaire et mandibulaire intéressant les sextants antérieurs.

Quand l'édentement est ancien, l'absence de dents postérieures provoque l'ascension des condyles dans leurs cavités glénoïdes. Il en résulte une compression articulaire qui peut exacerber une hypothétique antéposition discale, généralement révélée par des algies qui amènent le patient à consulter. Sans signes cliniques, il est prudent, en présence de selles postérieures anciennement édentées, d'investiguer les articulations temporo-mandibulaires pour être certain qu'il n'y a pas de compression articulaire due à l'absence de soutien dentaire. Si cette compression est mise en évidence, le patient est informé qu'un traitement orthopédique préalable doit être mis en place. Celui-ci consiste à réaliser une prothèse amovible partielle temporaire et d'assurer pendant trois à quatre mois la décompression articulaire progressive sur celle-ci.

PROTHÈSE IMPLANTO-PORTÉE

Pour résoudre le problème des selles libres édentées, il n'y a donc que deux options possibles : la prothèse fixée implanto-portée ou la prothèse amovible partielle. Le choix de la solution prothétique fixée implanto-portée nécessite plus que jamais une analyse pré-implantaire sérieuse de faisabilité sur les images fournies par le cone beam. Les sinus maxillaires en regard des selles libres s'étendent souvent et interdisent toute technique implantaire sans greffe osseuse. Il en est de même pour les selles libres mandibulaires édentées depuis longtemps où le nerf alvéolaire inférieur est plus ou moins près du sommet de la crête mandibulaire.

Un guide radiologique conçu sur l'articulateur, à partir de la cire de diagnostic matérialisant la future prothèse fixée, permet de choisir la thérapeutique adéquate. Les futurs piliers implantaires y sont matérialisés par un matériau radio-opaque afin de contrôler la faisabilité implantaire en fonction des conditions osseuses. Ce guide radiologique devient ensuite guide chirurgical pour orienter le praticien dans la mise en place des racines artificielles. L'importance de la zone édentée et la configuration osseuse orientent le choix soit vers la pose de plusieurs implants unitaires, soit vers la confection d'un bridge implanto-porté (fig. 9.48).

La topographie de l'édentement conditionne le choix du concept occluso-prothétique. Les reconstructions prothétiques fixées implanto-portées sont réalisées soit en intercuspidation maximale habituelle, soit en relation centrée sur un articulateur semi-adaptable programmé arbitrairement ou réellement. Les exemples cliniques qui suivent permettent de comprendre l'évolution de la réflexion prothétique.

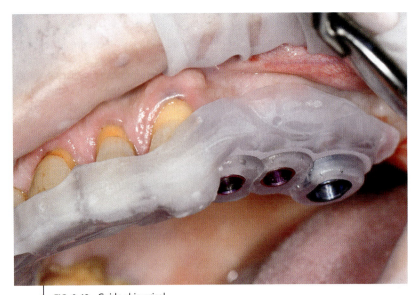

FIG. 9.48 - Guide chirurgical.

- Soit un seul sextant postérieur édenté (1, 2, 3, 4) à reconstruire par de la prothèse fixée implanto-portée. La confection d'un guide chirurgical est indispensable. Il est réalisé sur un articulateur semi-adaptable en intercuspidation maximale habituelle. Il est programmé arbitrairement, quelle que soit la qualité du guidage antérieur, car la cinématique et l'anatomie des dents controlatérales des arcades maxillaire et mandibulaire aident l'élaboration prothétique au laboratoire de prothèses (fig. 9.49).
- En première intention, les coiffes implanto-portées intéressant la totalité de deux sextants postérieurs en vis-à-vis (1-4, 2-3) sont réalisées comme précédemment en intercuspidation maximale habituelle sur un articulateur programmé arbitrairement. Mais, étant donné l'étendue de la prothèse, sa conception en relation centrée se justifie. Cela suppose que les dents controlatérales non concernées par la prothèse soient équilibrées (fig. 9.50). L'analyse occlusale sur articulateur permet de matérialiser l'ampleur de leur ajustage occlusal qui conditionne la décision. Lors de l'essayage de la prothèse, qu'elle soit construite en intercuspidation maximale habituelle ou en relation centrée, l'attention est portée sur la simultanéité des contacts occlusaux dents prothétiques/dents naturelles.
- À partir de deux sextants bilatéraux (1-2, 3-4, 1-3, 2-4) allant jusqu'à trois (1-2-3, 2-3-4, 1-3-4, 1-2-4) voire quatre (1-2-3-4), les coiffes implanto-

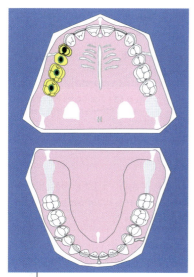

FIG. 9.49 - Couronnes implanto-portées intéressant une selle libre.

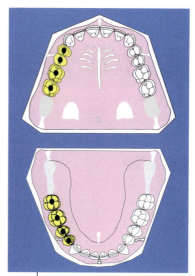

FIG. 9.50 - Couronnes implanto-portées intéressant deux selles libres en vis-à-vis.

portées intéressant l'intégralité de ces sextants induisent une nouvelle intercuspidation maximale prothétique (fig. 9.51 et 9.52). N'ayant plus de références dentaires naturelles, à part la présence des incisives et des canines qui guident le praticien dans la détermination de la dimension verticale d'occlusion, les prothèses implanto-portées seront construites en relation centrée sur un articulateur. Celui-ci est soit programmé arbitrairement, si le guidage antérieur est efficace, soit programmé réellement, si ce n'est pas le cas. Les prothèses amovibles provisoires servent de guide radiologique et chirurgical.

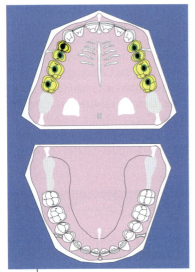

FIG. 9.51 - Couronnes implanto-portées intéressant deux selles libres maxillaires.

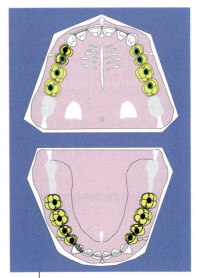

FIG. 9.52 - Couronnes implanto-portées intéressant quatre selles libres.

REMARQUE

Dans le cas de prothèses implanto-portées en vis-à-vis, il est préférable de réaliser les couronnes implanto-portées mandibulaires avant les couronnes implanto-portées maxillaires pour faciliter le réglage occlusal.

Les conditions requises pour confectionner des coiffes implanto-portées peuvent ne pas être réunies. La décision dépend soit de l'état de santé du patient, soit d'infections muqueuses incurables, soit de conditions anatomiques défavorables, soit de difficultés pécuniaires. La prothèse amovible partielle compensant la selle édentée devient alors le seul recours. Sa conception occlusale est tributaire du nombre et de la disposition des sextants concernés.

PROTHÈSE AMOVIBLE

Une progression virtuelle des différents cas cliniques pouvant être rencontrés permet de matérialiser la compréhension de l'approche prothétique.
— La prothèse amovible partielle compense la perte de toutes les dents d'un seul sextant postérieur (1, 2, 3, 4). Elle est conçue en intercuspidation maximale habituelle sur occluseur si le guidage antérieur est présent. En revanche, la même situation occlusale sera élaborée sur un articulateur semi-adaptable programmé arbitrairement lors d'un guidage antérieur déficient quand les dents prothétiques sont en porcelaine (fig. 9.53).
— Sur le même édentement intéressant deux sextants postérieurs en vis-à-vis (1-4 ou 2-3), la prothèse amovible partielle sera réalisée en intercuspidation maximale habituelle sur articulateur semi-adaptable programmé arbitrairement, quelle que soit la présence ou non du guidage antérieur. En effet, dans ce dernier cas, le prothésiste peut se baser sur les dents collatérales pour réaliser les prothèses. Compte tenu également de l'ajustage occlusal des dents prothétiques aisé à réaliser en clinique (fig. 9.54).

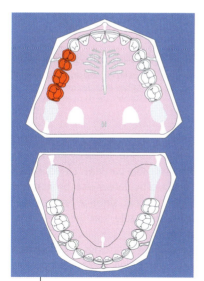

FIG. 9.53 - Prothèse amovible partielle maxillaire avec une selle libre.

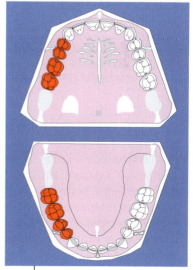

FIG. 9.54 - Prothèses amovibles partielles avec deux selles libres en vis-à-vis.

– Soit deux sextants bilatéraux sur la même arcade (1-2, 3-4) ou sur deux arcades (1-3, 2-4) concernés par la ou les prothèses. Les contacts postérieurs n'intéressant que les dents du commerce, la réalisation prothétique se fait en intercuspidation maximale en relation centrée sur l'articulateur programmé arbitrairement, si le guidage antérieur est efficace. Sinon, il est programmé réellement, surtout quand les dents de commerce sont en porcelaine (fig. 9.55 et 9.56).

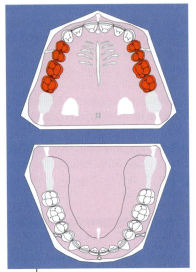

FIG. 9.55 - Prothèse amovible partielle maxillaire avec deux selles libres.

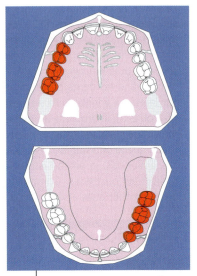

FIG. 9.56 - Prothèses amovibles partielles avec deux selles libres bilatérales sur deux arcades.

– Le choix du concept occluso-prothétique sera le même quand trois sextants postérieurs (1-2-3, 2-3-4, 1-3-4, 1-2-4) voire quatre sextants postérieurs (1-2-3-4) seront concernés par la prothèse amovible partielle. La réalisation prothétique s'élabore en relation centrée. L'articulateur est programmé arbitrairement si le guidage antérieur est fonctionnel, sinon la programmation de ses déterminants postérieurs est indispensable, surtout si les dents prothétiques sont en porcelaine (fig. 9.57 et 9.58).

– Lorsque deux sextants postérieurs bilatéraux sont associés à un sextant antérieur (1-0-2, 3-0'-4), il s'agit maintenant d'une prothèse amovible totale maxillaire ou mandibulaire. L'intercuspidation maximale devient donc totalement prothétique. Le montage des dents du commerce sera réalisé en relation centrée sur un articulateur programmé réellement

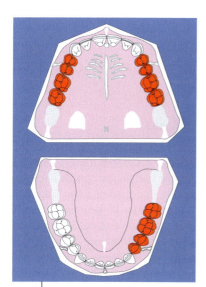

FIG. 9.57 - Prothèse amovible partielle maxillaire intéressant deux selles libres maxillaires associée à une prothèse amovible partielle avec une selle libre mandibulaire.

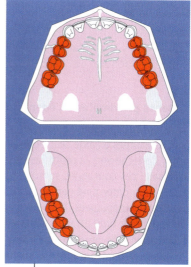

FIG. 9.58 - Prothèse amovible partielle maxillaire avec deux selles libres associées à une prothèse amovible partielle mandibulaire avec deux selles libres.

quand le sextant 0 est intéressé par la prothèse. En revanche, la programmation arbitraire de l'articulateur suffit lors de la réalisation prothétique du sextant 0'. Si les rapports des bases osseuses le permettent, le choix du concept occlusoprothétique peut être l'occlusion balancée afin de stabiliser la prothèse, surtout quand celle-ci est mandibulaire **(fig. 9.59)**. Mais quand le rendu esthétique de la prothèse maxillaire impose le recouvrement incisif, la table incisive programmée est utilisée sur l'articulateur programmé réellement afin d'harmoniser le « guidage antérieur » au « guidage postérieur ».

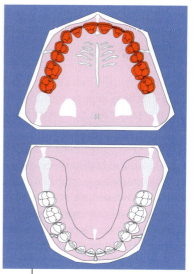

FIG. 9.59 - Prothèse amovible complète maxillaire.

> **REMARQUE**
>
> Contrairement à la conception des prothèses fixées, les prothèses amovibles en vis-à-vis sont réalisées conjointement, ce qui facilite le montage et l'ajustage occlusal des dents du commerce.

Dents proximales à l'édentement dépulpées

Les dents dépulpées proximales à l'édentement, futurs supports de crochets, sont restaurées à l'aide de prothèses fixées de type couronnes fraisées quand le choix s'oriente vers la prothèse amovible partielle métallique. Lors de l'analyse occlusale, ces couronnes sont confectionnées en cire ajoutée à partir du plan d'occlusion déterminé par la prothèse amovible. Lorsque plusieurs dents antérieures sont dépulpées, le choix thérapeutique s'oriente vers des systèmes de connexion de type attachements afin de préserver l'esthétique.

Il faut être très prudent dans leur réalisation, car les forces occlusales ont tendance à faire basculer la prothèse postérieurement, sollicitant ainsi les attachements qui se détériorent, deviennent de moins en moins précis et compromettent la pérennité des dents les supportant. Des rebasages fréquents sont indispensables pour éviter la fatigue prématurée de ces connexions.

La prudence s'impose également lors de la proposition de cette thérapeutique prothétique chez des patients qui bruxent. Les forces occlusales répétées compromettent à terme l'ensemble des reconstitutions. Une gouttière occlusale nocturne peut être un éventuel palliatif, si le patient souhaite conserver ses prothèses la nuit.

Quand une dent couronnée devient le support du crochet de la prothèse amovible partielle métallique, la préparation du logement des taquets d'appui de la prothèse impose bien souvent le démontage des anciennes couronnes afin de réaliser des couronnes fraisées.

Dents proximales à l'édentement pulpées

Le nombre et la disposition des selles libres déterminent le choix du concept occluso-prothétique, soit l'intercuspidation maximale habituelle, soit l'intercuspidation maximale en relation centrée.

Ce choix nécessite, dans certains cas, l'équilibration occlusale des dents supports de crochets. Le préjudice esthétique des crochets est aussi un paramètre décisionnel. Les dents supportant les crochets sont préparées pour recevoir les taquets d'appui et les réciprocités de ces crochets, ce qui permet aux systèmes de connexion de ne pas interférer avec les dents antagonistes, qu'elles soient naturelles ou prothétiques.

Afin de réduire l'enfoncement inévitable de la selle prothétique libre, un implant postérieur peut être posé. Il joue le même rôle qu'une racine dentaire naturelle laissée pour réaliser une prothèse en overdenture. Cette racine artificielle est posée si le volume osseux le permet. Il n'est pas nécessaire que cet implant soit long, car n'étant pas sollicité par des forces transversales, il n'assure que le maintien du volume osseux et garantit la stabilité prothétique temporelle.

Édentement total

La compensation de l'édentement total par une prothèse amovible complète ne nécessite pas d'analyse occlusale sur articulateur pour le choix thérapeutique, l'observation clinique suffit. Si la stabilisation de la prothèse s'impose, surtout à la mandibule, des implants réalisés en seconde intention permettent d'améliorer la stabilité de la base prothétique. La prothèse sert alors de guide radiologique et chirurgical. En général, il y a très peu d'obstacles thérapeutiques car le choix de la zone implantée, souvent antérieure, présente suffisamment de volume osseux.

La stabilisation d'une prothèse amovible complète par des implants ne doit pourtant pas être le rattrapage d'un problème technique. Celui-ci serait mal compris par le patient qui doit être prévenu que la prothèse sera réalisée de manière académique, mais que l'état défavorable de ses crêtes osseuses nécessitera probablement un soutien implantaire stabilisateur ultérieur (fig. 9.60).

Un édentement total peut également être appareillé à l'aide d'une prothèse fixée implanto-portée. Le protocole d'analyse occlusale ne présente pas de différence avec celui employé pour la restauration prothétique fixée d'une selle libre. Le montage sur articulateur en relation centrée ne diffère pas de celui en vue d'une prothèse amovible. Le guide radiologique devenant chirurgical, construit sur articulateur, est la prothèse amovible complète transitoire. En fonction de l'ancienneté de l'édentement, il n'est pas rare de procéder à des greffes osseuses pour pouvoir réaliser la

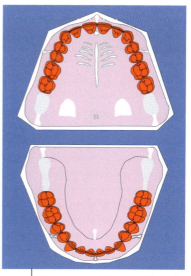

FIG. 9.60 - Prothèse amovible totale.

prothèse fixée souhaitée. La difficulté réside ensuite dans le parallélisme des piliers supra-implantaires.

En attendant l'intégration osseuse des racines artificielles, la prothèse amovible complète transitoire est portée. La réalisation d'une telle prothèse fixée implanto-portée demande une certaine expérience non seulement dans la technique, mais aussi dans l'extrapolation du rendu esthétique. En effet, dans les cas de fine crête osseuse antérieure, la lèvre n'étant pas soutenue par la base prothétique peut s'effondrer et présenter un préjudice esthétique qui peut décevoir le patient non prévenu de ce risque.

La prothèse amovible complète nécessite le montage des dents en relation centrée et l'emploi de l'articulateur programmé réellement. En réalité, le concept occluso-prothétique de l'occlusion balancée qui garantit la stabilité des selles prothétiques l'impose.

MÉMENTO

Ce chapitre consacré aux choix thérapeutiques a comme objectif de conduire la réflexion prothétique. Il intéresse les reconstitutions prothétiques fixées, implanto-portées et amovibles allant de la plus simple à la plus complexe. Certaines situations peuvent paraître aberrantes, mais elles n'ont qu'un seul but : être didactiques et encourager le raisonnement afin de prendre la bonne décision thérapeutique.

Chronologie de la thérapeutique prothétique

Le choix thérapeutique conditionne la chronologie de la conception prothétique, qu'elle soit réalisée traditionnellement ou virtuellement. Les différentes situations cliniques étudiées précédemment sont reprises afin de concrétiser les étapes des plans de traitements s'y rapportant. Dans chaque exemple, la chronologie reflète les situations cliniques les plus complexes. Elle est donc à moduler en fonction du nombre de sextants intéressés. Avant tout traitement prothétique, la bouche du patient est saine, les dents non récupérables extraites, les caries sont soignées et l'état gingival satisfaisant.

REMARQUE

Quand les prothèses sont élaborées avec le procédé CFAO, les étapes de prise d'empreintes, d'enregistrement de l'occlusion, de préparation des modèles, de montage et de programmation de l'articulateur sont virtuelles.

Reconstruction prothétique d'une dent délabrée unitaire

- Contrôle des soins canalaires, réintervention si nécessaire.
- Reconstitutions coronaires ou corono-radiculaires.
- Empreinte partielle en vue de l'iso-moulage pour la réalisation de la coiffe provisoire.
- Préparation coronaire périphérique.
- Empreinte de la préparation.
- Enregistrement de l'occlusion des dents antagonistes par un mordu en ICM.
- Prothèse transitoire fixée par iso-moulage.
- Envoi au laboratoire de prothèses.
- Pose de la coiffe d'usage.

- Réglage de l'occlusion.
- Scellement de la coiffe.

Reconstruction prothétique de plusieurs dents délabrées

- Contrôle des soins canalaires, réintervention si nécessaire.
- Reconstitutions coronaires ou corono-radiculaires.
- Analyse occlusale clinique en vue de choisir le concept occluso-prothétique.
- Empreinte des modèles d'étude.
- Montage des modèles d'étude sur un articulateur programmé arbitrairement ou réellement.
- Réalisation de la cire de diagnostic sur les dents à couronner.
- Équilibration éventuelle des dents non intéressées par la prothèse si RC.
- Empreinte de la cire de diagnostic en vue de l'iso-moulage.
- Préparations coronaires périphériques.
- Empreinte des préparations.
- Enregistrement de l'occlusion à l'aide d'une cire Moyco si montage en RC.
- Prothèses transitoires fixées par iso-moulage.
- Envoi au laboratoire de prothèses pour mettre les dies.
- Montage des modèles des préparations sur l'articulateur précédent.
- Envoi au laboratoire de prothèses.
- Essayage des coiffes d'usage.
- Réglage de l'occlusion.
- Scellement des coiffes.

Édentement partiel encastré de faible étendue

DENTS PROXIMALES DÉPULPÉES (PROTHÈSE FIXÉE)

- Contrôle des soins canalaires, réintervention si nécessaire.
- Reconstitutions coronaires ou corono-radiculaires.
- Analyse occlusale clinique en vue de choisir le concept occluso-prothétique.
- Empreinte des modèles d'étude.
- Analyse occlusale sur articulateur programmé arbitrairement ou réellement.
- Équilibration éventuelle des dents non intéressées par la prothèse si RC.
- Réalisation de la table incisive si le sextant 0 est à reconstruire.
- Réalisation de la cire de diagnostic sur les dents à couronner.
- Empreinte de la cire de diagnostic en vue de l'iso-moulage.
- Préparations coronaires périphériques.
- Empreinte des préparations.
- Enregistrement de l'occlusion à l'aide d'une cire Moyco si montage en RC.

CHAPITRE 10

- Bridges provisoires par iso-moulage.
- Envoi au laboratoire pour mettre les dies.
- Montage sur articulateur programmé arbitrairement ou réellement.
- Envoi au laboratoire de prothèses.
- Essayage des bridges d'usage.
- Réglage de l'occlusion.
- Renvoi au laboratoire de prothèses si nécessaire.
- Scellement des bridges.

DENTS PROXIMALES PULPÉES (PROTHÈSE IMPLANTO-PORTÉE)

- Étude clinique du futur site osseux.
- Étude de la faisabilité sur la radiographie panoramique ou sur le cone beam.
- Mise en nourrice de la racine artificielle avec vis de cicatrisation pendant trois mois.
- Pose de prothèse transitoire amovible en cas de troubles esthétiques.
- Dégagement muqueux de l'émergence de la racine artificielle et intégration du moignon d'empreinte.
- Empreinte de situation du moignon et de l'arcade antagoniste.
- Envoi au laboratoire de prothèses.
- Fixation du moignon et pose de la coiffe d'usage.
- Réglage de l'occlusion.
- Scellement de la coiffe.

Édentement partiel encastré de grande étendue

DENTS PROXIMALES DÉPULPÉES (PROTHÈSE FIXÉE)

- Contrôle des soins canalaires, réintervention si nécessaire.
- Reconstitutions coronaires ou corono-radiculaires.
- Empreinte des modèles d'étude.
- Analyse occlusale sur articulateur programmé arbitrairement ou réellement.
- Équilibration éventuelle des dents non intéressées par la prothèse si RC.
- Réalisation de la table incisive si le sextant 0 est à reconstruire.
- Réalisation de la cire de diagnostic sur les dents à couronner.
- Empreinte de la cire de diagnostic en vue de l'iso-moulage.
- Préparations coronaires périphériques.
- Empreinte des préparations.
- Enregistrement de l'occlusion à l'aide d'une cire Moyco si montage en RC.
- Bridges provisoires par iso-moulage.
- Envoi au laboratoire pour mettre les dies.
- Montage sur articulateur programmé arbitrairement ou réellement.

- Envoi au laboratoire de prothèses.
- Essayage des bridges d'usage.
- Réglage de l'occlusion.
- Renvoi au laboratoire de prothèses si nécessaire.
- Scellement des bridges.

DENTS PROXIMALES PULPÉES

Prothèse implanto-portée

- Étude clinique du futur site osseux.
- Empreinte des modèles d'étude.
- Analyse occlusale sur articulateur programmé ou non.
- Équilibration éventuelle des dents non intéressées par la prothèse si RC.
- Réalisation de la table incisive si le sextant 0 est à reconstruire.
- Guide radiologique.
- Étude de la faisabilité sur la radiographie panoramique ou sur le cone beam.
- Greffe osseuse éventuelle.
- Chirurgie d'ostéo-intégration à l'aide du guide chirurgical, vis de cicatrisation pendant trois mois.
- Pose de prothèse transitoire amovible si problème esthétique.
- Dégagement muqueux de l'émergence des racines artificielles et intégration des moignons d'empreinte.
- Empreinte de situation des moignons et de l'arcade antagoniste.
- Montage sur articulateur programmé arbitrairement ou réellement.
- Envoi au laboratoire de prothèses.
- Fixation du moignon et pose de la coiffe d'usage.
- Réglage de l'occlusion.
- Envoi au laboratoire de prothèses si nécessaire.
- Scellement des prothèses fixées supra-implantaires.

Prothèse amovible partielle

- Empreinte des modèles d'étude.
- Analyse occlusale sur articulateur programmé ou non.
- Réalisation de la table incisive si le sextant 0 est à reconstruire avec dents contreplaquées.
- Équilibration éventuelle des dents non intéressées par la prothèse si RC.
- Empreinte primaire maxillaire et mandibulaire pour la confection des prothèses amovibles.
- Empreinte secondaire maxillaire et mandibulaire pour la confection des prothèses amovibles.
- Enregistrement des rapports maxillo-mandibulaire.

- Montage sur articulateur programmé arbitrairement ou réellement.
- Envoi au laboratoire de prothèses.
- Essayage des prothèses dents du commerce sur cire.
- Renvoi au laboratoire de prothèses pour polymérisation.
- Essayage des prothèses d'usage.
- Intégration des prothèses d'usage avec équilibration éventuelle.

Édentement partiel avec selle libre

PROTHÈSE IMPLANTO-PORTÉE

- Étude clinique du futur site osseux.
- Empreinte des modèles d'étude.
- Analyse occlusale sur articulateur programmé ou non.
- Équilibration éventuelle des dents non intéressées par la prothèse si RC.
- Guide radiologique.
- Étude de la faisabilité sur la radiographie panoramique ou sur le cone beam.
- Greffe osseuse éventuelle.
- Chirurgie d'ostéo-intégration à l'aide du guide chirurgical, vis de cicatrisation pendant trois mois.
- Pose des prothèses transitoires amovibles si problème esthétique.
- Dégagement muqueux de l'émergence des racines artificielles et intégration des moignons d'empreinte.
- Empreinte de situation des moignons et de l'arcade antagoniste.
- Montage sur articulateur programmé arbitrairement ou réellement.
- Envoi au laboratoire de prothèses.
- Fixation du moignon et pose des coiffes d'usage.
- Réglage de l'occlusion.
- Envoi au laboratoire de prothèses si nécessaire.
- Scellement des prothèses fixées supra-implantaires.

PROTHÈSE AMOVIBLE

Dents proximales dépulpées

- Contrôle des soins canalaires des dents supports de crochets, réintervention si nécessaire.
- Reconstitutions coronaires ou corono-radiculaires.
- Empreinte des modèles d'étude.
- Analyse occlusale sur articulateur programmé ou non.
- Équilibration éventuelle des dents non intéressées par la prothèse si RC.
- Réalisation de la cire de diagnostic sur les dents à couronner.
- Iso-moulage pour les couronnes provisoires des dents supports de crochets.

- Préparations coronaires périphériques.
- Empreinte des préparations.
- Enregistrement de l'occlusion avec des bases d'occlusion en stent's.
- Couronnes provisoires par iso-moulage.
- Envoi au laboratoire pour mettre les dies.
- Montage sur articulateur programmé arbitrairement ou réellement.
- Envoi au laboratoire de prothèses.
- Essayage des coiffes.
- Scellement des coiffes.
- Empreinte primaire maxillaire et mandibulaire pour la confection des prothèses amovibles.
- Empreinte secondaire maxillaire et mandibulaire pour la confection des prothèses amovibles.
- Enregistrement des rapports maxillo-mandibulaire.
- Envoi au laboratoire de prothèses.
- Essayage des prothèses dents du commerce sur cire.
- Renvoi au laboratoire de prothèses pour polymérisation.
- Essayage des prothèses d'usage.
- Intégration des prothèses d'usage avec équilibration éventuelle.

Dents proximales pulpées

- Empreinte des modèles d'étude.
- Analyse occlusale sur articulateur programmé ou non.
- Préparation coronaire en vue de l'intégration des crochets.
- Équilibration éventuelle des dents non intéressées par la prothèse si RC.
- Empreinte primaire maxillaire et mandibulaire pour la confection des prothèses amovibles.
- Empreinte secondaire maxillaire et mandibulaire pour la confection des prothèses amovibles.
- Enregistrement des rapports maxillo-mandibulaire.
- Montage sur articulateur programmé arbitrairement ou réellement.
- Envoi au laboratoire de prothèses.
- Essayage des prothèses dents du commerce sur cire.
- Renvoi au laboratoire de prothèses pour polymérisation.
- Essayage des prothèses d'usage.
- Intégration des prothèses d'usage avec équilibration éventuelle.

Édentement total

- Observation clinique.
- Empreinte primaire maxillaire et mandibulaire pour la confection des prothèses amovibles.

- Empreinte secondaire maxillaire et mandibulaire pour la confection des prothèses amovibles.
- Enregistrement des rapports maxillo-mandibulaire.
- Montage sur articulateur programmé réellement.
- Envoi au laboratoire de prothèses.
- Essayage des prothèses dents du commerce sur cire.
- Renvoi au laboratoire de prothèses pour polymérisation.
- Essayage des prothèses d'usage.
- Intégration des prothèses d'usage avec remontage pour équilibration.

REMARQUES

Les prothèses servent de guide radiologique et chirurgical en cas de stabilisation des prothèses amovibles à l'aide d'implants.
Les prothèses complètes servent de guide radiologique et chirurgical en cas de réalisation de prothèses implanto-portées.

MÉMENTO

La chronologie de la thérapeutique prothétique s'intéresse aux situations cliniques les plus couramment rencontrées en prothèse fixée, implanto-portée et amovible de la dent unitaire jusqu'à l'édentement total en passant par les édentements partiels.

Conclusion

Cet ouvrage peut paraître trop académique, voire *has been*, mais la virtualité des protocoles prothétiques donne l'impression que l'ordinateur est intelligent et que sa réflexion prothétique sera équivalente à celle du praticien. Cette attitude fait oublier l'essentiel des connaissances occlusales qui permettent de mener à bien un traitement prothétique. Notre expérience, tant d'enseignants que de cliniciens, nous a montré que la compréhension et l'assimilation des concepts occluso-prothétiques permettent de simplifier le protocole clinique. Celui-ci devient, grâce à leurs connaissances, un automatisme salvateur faisant gagner un temps précieux tout en étant rigoureux dans l'élaboration du protocole prothétique.

À court terme, l'articulateur conventionnel sera remplacé définitivement par l'articulateur virtuel qui demande moins de manipulations. Il en sera de même pour les enregistrements mécaniques de la cinématique condylienne qui laisseront la place aux appareillages numérisés. Leurs manipulations requièrent, pour être utilisées à bon escient, des connaissances approfondies sur la mécanique mandibulaire, surtout obtenue par la manipulation de l'articulateur conventionnel. Il est donc conseillé de manipuler ce dernier avant de se lancer dans « la virtualité de l'occlusion ».

Par ailleurs, tous les systèmes électroniques d'enregistrement mandibulaire répondent à un programme informatique précis auquel il est impossible de déroger. Pour pouvoir les utiliser correctement, il faut connaître leurs qualités et surtout leurs failles. Sans cela, il est fréquent de tomber dans une certaine facilité qui nuit à la qualité du jugement intellectuel, inhibant ainsi la compétence prothétique.

Bibliographie

[1] Dupas PH. **L'articulateur au quotidien. Son utilisation simplifiée**. Paris : CdP, 2012.

[2] Dawson PE. **Les problèmes de l'occlusion. Évaluation, diagnostic et traitement**. Paris : Julien Prélat, 1992.

[3] Dupas PH. **Le dysfonctionnement cranio-mandibulaire. Comment le diagnostiquer et le traiter ?** Paris : CdP, 2011.

[4] Lauritzen A, Bodner GH. **Variations in location of arbitrary and true hinge axis points**. J Prosth Dent 1961 ; 11 : 224-9.

[5] Weinberg LA. **An evaluation of the face-bow mounting**. J Prosth Dent 1961 ; 11 : 32-43.

[6] Guichet NF. **Occlusion. A teaching manual**. Anaheim-California : Denar Corporation, 1977.

[7] Lauritzen A. **Atlas of occlusal analysis**. Boston : Publications HAH, 1974.

[8] Thomas PK. **L'occlusion organique. Dent-à-dent. Cuspide-fosse**. Paris : Julien Prélat, 1973.

[9] Wirth CG, Alpin AW. **An improved interocclusal record of centric relation**. J Prosth Dent 1971 ; 25 : 279-86.

[10] Lucia VO. **A technique for recording centric relation**. J Prosth Dent 1964 ; 14 : 492-505.

[11] Dupas PH, Graux F, Lefevre C, Picart B, Vincent F. **Le jig universel**. Cah Prothèse 1987 ; 57 : 115-25.

[12] Gueridon S. **L'articulateur virtuel du Cerec Software 4.2 : véritable outil de diagnostic ou simple aide à la modélisation d'éléments prothétiques ?** Thèse pour le diplôme d'État de docteur en chirurgie dentaire. Université Nice-Sophia Antipolis, faculté de chirurgie dentaire, 2014.

[13] Larger C. **La dynamique mandibulaire fonctionnelle : état des lieux et apport du numérique**. Thèse pour le diplôme d'État de docteur en chirurgie dentaire. Université Toulouse III, faculté de chirurgie dentaire, 2014.

BIBLIOGRAPHIE

[14] Cruces A. **Les articulateurs virtuels**. Thèse pour le diplôme d'État de docteur en chirurgie dentaire. Université de Lille, faculté de chirurgie dentaire, 2016.

[15] Lambert H, Durand JC, Fages M. **Prise en main : le CEREC Primescan® (Dentsply Sirona)**. Cah Prothèse 2019 ; 187 : 178-183.

[16] Dupas PH, Hammad E, Gabet M. **Gouttière occlusale traditionnelle ou gouttière occlusale confectionnée avec une imprimante 3D**. Cah Prothèse 2019 ; 187 : 223-34.

[17] Felenc S, Lethuillier J, Bougette L, Bompart E, Hatte R, Sixdenier V. **Le meilleur des mondes numérique et analogique**. Cah Prothèse 2020 ; 48 (191) : 523-34.

[18] Casas T. **Caractéristiques techniques des différents types de scanners intra-oraux**. Clinic 2021 ; 398 : 112-9.

[19] Boitelle Ph, Pacquet W, Tapie L. **Historique et principes de fonctionnement du scanner intra-oral**. Clinic 2021 ; 398 : 103-10.

[20] Dupas PH. **Les articulateurs semi-adaptables. Comment ? Pourquoi ? Quand ?** Paris : CdP, 1995.

[21] Dupas PH, Picart B. **Comprendre l'articulateur au cabinet dentaire et au laboratoire de prothèse**. Paris : CdP, 2001.

[22] Bennett GN. **A contribution to the study of the movement of the mandible**. J Prosth Dent 1958 ; 8 : 41-54.

[23] Lundeen HC, Wirth CG. **Condylar movements patterns engraved in plastic blocks**. J Prosth Dent 1973 ; 30 : 866-75.

[24] Lundeen HC, Gibbs CH. **Advances in occlusion**. Boston, Bristol, London : John Wright, PSG, 1982.

[25] Lauritzen A, Wolford LW. **Occlusal relationship : the split-cast. Method for articulators techniques**. J Prosth Dent 1964 ; 14 : 256-65.

[26] Valentin CM. **La consultation en Odontologie**. Paris : SNPMD, 1984.

[27] Jimenez-Castellanos Ballesteros E, Dominguez Fresco M, Anaya C, Lopez M. **Mordus de latéro-propulsion et réglage d'un articulateur semi-adaptable**. Cah Prothèse 1991 ; 73 : 77-81.

[28] Dupas PH, Dehaine F, Lefevre C, Graux F, Picart B. **Proposition d'une nouvelle méthode de programmation des articulateurs semi-adaptables**. Info Dent 1985 ; 67 (43) : 4691-701.

[29] Stuart CE. **Why dental restorations should have cusps**. J South Calif State Dent Ass 1959 ; 21 : 198-200.

[30] Dupas PH, Picart B, Vermelle G, Lepers E. **La pantographie électronique : le Pantronic**. Cah Prothèse 1984 ; 48 : 151-63.

[31] Slavicek R. **On clinical and instrumental functional analysis for diagnosis and treatment planning**. J Clin Orthod 1988 ; 22 : 498-508.

[32] Slavicek R, Lugner P. **Détermination de l'angle de Bennett à partir d'un tracé sagittal**. Cah Prothèse 1981 ; 35 : 87-102.

BIBLIOGRAPHIE

[33] Slavicek R. **L'axiographie avec gouttière para-occlusale.** Rev Orthop Dento Fac 1982; 16: 473-7.

[34] Slavicek R. **L'enregistrement axiographique de la trajectoire condylienne à l'aide d'un arc facial à fixation « extra-occlusale ».** Cah Prothèse 1983; 41: 77-86.

[35] Joerger R, Leize M, Lopez J, Nicoulaud P. **L'axiographie de SAM et le Quick Axis. Étude statistique comparative.** Cah Prothèse 1992; 79: 49-57.

[36] Laplanche O, Pedeutour P, Serre D, Giraudeau A. **Condylographie électronique.** Cah Prothèse 2002; 119: 41-57.

[37] Hüe O. **Les trajectoires condyliennes sagittales chez l'édenté total. Apport de l'axiographie électronique.** Cah Prothèse 1998; 101: 75-82.

[38] Dupas PH. **Enregistrement de la cinématique mandibulaire. Proposition d'un prototype : le Cinétic.** Thèse pour le doctorat d'État en odontologie, soutenue à Lille en 1988.

[39] Picart B. **Enregistrement et analyse des mouvements des condyles mandibulaires : le Cinétic II.** Thèse pour le doctorat de l'université de Lille II, mention odontologie, soutenue en 1993.

[40] Graux F. **Évolution d'un concept : le Cinétic III.** Thèse pour le doctorat de l'université de Lille II, mention odontologie, soutenue en 1995.

[41] Dupas PH. **L'articulateur virtuel : oui pour son utilisation, mais pas n'importe comment.** Cah Prothèse 2020; 48 (192): 633-9.

[42] Belleville R. **Simulation virtuelle de l'occlusion dynamique : possibilités actuelles et perspectives.** Thèse pour le diplôme d'État de docteur en chirurgie dentaire. Université de Bordeaux, faculté de chirurgie dentaire, 2016.

[43] Bapelle M. **Les déterminants postérieurs de la cinématique mandibulaire : revue de littérature et analyse d'enregistrements Modjaw.** Thèse pour le diplôme d'État de docteur en chirurgie dentaire. Université Nice-Sophia Antipolis, faculté de chirurgie dentaire, 2020.

[44] Valentin CM. **Le guide antérieur : dysfonctions et parafonctions ; diagnostic différentiel.** Cah Prothèse 1982; 39: 81-106.

[45] Orthlieb JD, Laplanche O, Preckel EB. **La fonction occlusale et ses dysfonctionnements.** Réal Clin 1996; 7: 131-46.

[46] Orthlieb JD, Brocard D, Schittly J, Maniere-Ezvan A. **Occlusodontie pratique.** Paris : CdP, 2000.

[47] Ogawa T, Ogomoto T, Koyano K. **Pattern of occlusal contacts in lateral positions : canine protection and group function validity in classifying guidance patterns.** J Prosth Dent 1998; 80 (1): 67-74.

[48] Laplanche O, Pedeutour P, Laurent M, Mahler P, Orthlieb JD. **Le guide antérieur et ses anomalies. Incidence sur la cinématique condylienne.** Cah Prothèse 2002; 117: 43-55.

[49] Thornton LJ. **Anterior guidance : group function/canine guidance. A literature review.** J Prosth Dent 1990; 64 (4): 479-482.

BIBLIOGRAPHIE

[50] Slavicek R. **Les principes de l'occlusion.** Rev Orthop Dento Fac 1983; 17: 449-90.

[51] Gross M, Nemcovsky C, Tabibian Y, Gazit E. **The effect of the three recording materials on the reproductibility of condylar guidance registrations in three semi-adjustable articulators.** J Oral Rehabil 1998; 25: 204-8.

[52] Hailan F, Lian S. **Erreurs de réglages de la pente condylienne avec les clefs interocclusales en propulsion.** Cah Prothèse 1992; 78: 49-53.

[53] Cautela JF. **Validação da técnica de montagem de articulador através de radiografia panorâmica.** Thèse de médecine dentaire soutenue en juin 2014 à l'Institut supérieur des sciences de la santé Egas Moniz.

[54] Duchatelet P, Savignat M. **Calcul de la pente condylienne à l'aide de la radiographie panoramique par rapport à la technique de référence l'axiographie.** Thèse pour le diplôme d'État de docteur en chirurgie dentaire soutenue en 2014 à la faculté de chirurgie dentaire de Lille.

[55] Christensen FT. **The compensating curve for complete denture.** J Prosth Dent 1960; 10: 637-42.

[56] Spee FG. **The gliding path of the mandible along the skull.** J Am Dent Assoc 1980; 100 (5): 670-5.

[57] Orthlieb JD. **The curve of Spee: understanding the sagittal organization of mandibular teeth.** J Cranio-mandib Pract 1997; 15: 333-40.

[58] Orthlieb JD, Bezzina S, Preckel EB. **OCTA: concept d'aide au plan de traitement en prothèse.** Synergie Prothet 2001; 3: 87-97.

[59] Descamp F, Picart B, Graux F, Dupas PH. **Analyse occlusale et simulation du projet prothétique sur articulateur.** Cah Prothèse 2002; 120: 53-65.

[60] Michelin M, Damiani MG, Orthlieb JD, Simon J. **Analyse statistique des interrelations fonctionnelles entre guide antérieur et déterminant postérieur.** Cah Prothèse 1990; 70: 53-65.

[61] Laurent M, Orthlieb JD. **Approche occlusale d'une restauration des incisives maxillaires.** Cah Prothèse 1997; 99: 10-9.

[62] Schittly J. **Réhabilitation occlusale du sujet âgé: apport de la prothèse amovible partielle.** Réal Clin 1991; 6 (4): 239-47.

[63] Begin M, Hutin I. **Le rapport intermaxillaire en prothèse amovible complète.** Réal Clin 1997; 4: 389-407.

[64] Sarfati E, Radiguet J. **Les schémas occlusaux en prothèse fixée.** Cah Prothèse 1997; 100: 37-50.

[65] Hutin de Swardt I, Begin M. **Réalisation d'une couronne céramo-métallique intégrée à une PAP existante.** Réal Clin 1998; 9 (4): 481-7.

[66] Schittly J. **Traitement des édentements antérieurs.** Réal Clin 1998; 9: 423-33.

[67] Dubojska AM, White GE, Pasiek S. **The importance of occlusal balance in the control of complete dentures.** Quintessence Int 1998; 29: 389-94.

[68] Renault P, Pierrisnard L. **Occlusion et prothèse fixée: démarche décisionnelle et principes du plan de traitement.** Cah Prothèse 2000; 112: 63-81.

BIBLIOGRAPHIE

[69] Schittly E, Cariou F. **Édentements sectoriels : enregistrement des rapports maxillo-mandibulaires.** Cah Prothèse 2000 ; 112 : 25-36.

[70] Kohaut JC. **Occlusion en prothèse et réalité clinique quotidienne.** Cah Prothèse 2000 ; 112 : 51-61.

[71] Schittly J. **Réalisation des éléments fixés supports de prothèse amovible partielle.** Cah Prothèse 2000 ; 110 : 77-81.

[72] Begin M. **Cinématique des rapports occlusaux en prothèse amovible partielle.** Cah Prothèse 2000 ; 112 : 37-50.

[73] Begin M, Buch D. **Réintervention en prothèse partielle amovible.** Réal Clin 2000 ; 11 (3) : 325-33.

[74] Gueudry J, Moinard M. **Restauration occlusale complète par prothèse fixée conventionnelle.** Stratégie Proth 2001 ; 1 (1) : 7-30.

[75] Derrien G, Jardel V. **Prothèse amovible partielle et rétablissement de la fonction occlusale.** Cah Prothèse 2002 ; 120 : 81-90.

[76] Mayer G, Descamp F, Picart B, Lefevre C. **Clé de remontage en prothèse amovible.** Cah Prothèse 2003 ; 123 : 51-6.

[77] Schittly J, Schittly E. **Conception et réalisation des châssis en prothèse amovible partielle.** Paris : CdP, 2017.

[78] Mense C, Silvestri F, Mansuy C, Tavitian P, Stephan G, Hüe O. **La prothèse amovible complète supra-implantaire de l'arcade maxillaire.** Cah Prothèse 2020 ; 192 : 48 : 606-17.

[79] Courset T, Raynaldy L, Esclassan R, Nasr K. **Réhabilitation esthétique en secteur antérieur : pertinence d'un flux de travail totalement digital.** Cah Prothèse 2020 ; 48 (192) : 597-603.

[80] Rousset M. **Apport de l'empreinte optique dans le workflow implantaire.** Clinic 2021 ; 398 : 131-40.

[81] Davarpanah M, Kebir M, Tecucianu JF, Étienne D, Martinez H. **Implants unitaires : impératifs chirurgicaux et prothétiques.** J Parodonto Impl Oral 1995 ; 14 (4) : 423-34.

[82] Bergendal T, Engquist B. **Implant-supported overdentures : a longitudinal prospective study.** Int J Oral Maxillofac Implants 1998 ; 13 (2) : 253-62.

[83] Gotfredsen K, Holm B. **Implant-supported mandibular overdentures retained with ball or bar attachments : a randomised prospective five years study.** Int J Prosthondont 2000 ; 13 (2) : 125-30.

[84] Gueudry J, Moinard M. **Apport de l'implantologie pour une restauration prothétique maxillaire complète fixée.** Stratégie Proth 2001 ; 1 (1) : 33-50.

[85] Williams BH, Ochiai KT, Hojo S, Nishimura R, Caputo AA. **Retention of maxillary implant overdenture bars of different designs.** J Prosth Dent 2001 ; 86 (6) : 603-7.

BIBLIOGRAPHIE

[86] Blanc J, Blum JY, Isnard L. **Prothèses totales amovibles de recouvrement sur implants : mode de rétention associant barre de connexion et silicone.** Cah Prothèse 2002 ; 117 : 27-34.

[87] Mariani P, Stephan G. **Implants et édentement total : quel protocole thérapeutique ?** Cah Prothèse 2002 ; 120 : 27-36.

[88] Castany E, Laffargue P, Pelissier B. **Remplacement d'une molaire par un implant large : description de la phase prothétique.** Cah Prothèse 2003 ; 121 : 61-6.

[89] Klemetti E, Chehade A, Takanashi Y, Feine JS. **Two-implant mandibular overdentures : simple to fabricate and easy to wear.** J Can Dent Assoc 2003 ; 69 (1) : 29-33.

[90] Gonzalez J, Noharet R, Viennot S. **Réhabilitation d'une incisive mandibulaire par un traitement implanto-prothétique : les points clés.** Cah Prothèse 2020 ; 191 : 506-15.

[91] Davarpanah M, Jakubowicz-Kohen B, Caraman M, Kébir-Quelin M. **Les implants en odontologie.** Paris : CdP, 2015.

[92] Gouët E, Touré G. **Sinus et implant. La chirurgie d'élévation sinusienne à visée implantaire.** Paris : CdP, 2017.

[93] Gouët E. **Principes et mesures de précaution en implantologie orale.** Paris : CdP, 2019.

Mise en page : Le vent se lève...
Achevé d'imprimer en octobre 2022
sur les presses de l'imprimerie Corlet
Dépôt légal : novembre 2022
Imprimé en France